Ronnie Pregitzer

Wie Künstliche Intelligenz die Arbeitswelt verändert

Programmatic Marketing und die Auswirkungen auf den Arbeitsmarkt

Bibliografische Information der Deutschen Nationalbibliothek:

Die Deutsche Nationalbibliothek verzeichnet diese Publikation in der Deutschen Nationalbibliografie; detaillierte bibliografische Daten sind im Internet über http://dnb.d-nb.de abrufbar.

Impressum:

Copyright © Studylab 2019

Ein Imprint der Open Publishing GmbH, München

Druck und Bindung: Books on Demand GmbH, Norderstedt, Germany

Coverbild: Open Publishing GmbH | Freepik.com | Flaticon.com | ei8htz

Abstract

Der Einsatz Künstlicher Intelligenz dringt immer weiter in unseren Alltag ein und verändert auch unsere Arbeitswelt. Im März 2018 wurden 250 Marketing-Mitarbeiter bei dem Modehändler Zalando entlassen, da deren Aufgaben künftig von Algorithmen und Künstlicher Intelligenz übernommen werden. Durch den Einsatz von KI im Bereich Programmatic Marketing lassen sich zielgerichtete und hoch personalisierte Kampagnen umsetzen, die auf Basis der Auswertung unzähliger Daten den potenziellen Kunden zum perfekten Zeitpunkt erreichen. Nicht nur im algorithmischen Marketing, auch in klassischen Unternehmensbereichen wie Handel und Logistik, Management oder Produktion wird Künstliche Intelligenz eingesetzt und gilt als entscheidender Wettbewerbsfaktor für Unternehmen. Größen wie Google, Amazon und Apple setzen bereits verstärkt auf KI-Technologien, um sich einen Vorteil gegenüber der Konkurrenz zu verschaffen. Makroökonomische Effekte, die durch den Einsatz Künstlicher Intelligenz prognostiziert werden, werden die Arbeitswelt grundlegend verändern. Geschäftsmodelle, Unternehmensstrukturen und industrielle Wertschöpfungsketten verschieben sich und spezialisierte und abgeschlossene Produktionseinheiten wandeln sich zu hybriden und offenen Kollaborationen. Auf dem Arbeitsmarkt werden vor allem Routinetätigkeiten von Künstlicher Intelligenz übernommen, aber auch hochqualifizierte Arbeitsplätze scheinen zukünftig nicht ungefährdet zu sein. Auswirkungen der Künstlichen Intelligenz auf die Zahl der Arbeitsplätze darf aber nicht nur als Substitution menschlicher Arbeit durch maschinelle Arbeit gesehen werden, eine starke Veränderung der Berufsbilder durch KI wird sich in den kommenden Jahren aber abzeichnen.

Schlagwörter/Schlüsselwörter: Künstliche Intelligenz, Algorithmen, Programmatic Marketing, Digitalisierung, Wandel der Arbeitswelt

Inhaltsverzeichnis

Abstract ....**III**

Abbildungsverzeichnis ....**V**

1 Einleitung **1**

2 Überblick Künstliche Intelligenz **3**

   2.1 Definition und Begriffserklärungen 3

   2.2 Historische Entwicklung 5

   2.3 Bedeutung von KI für die Arbeitswelt 8

3 Künstliche Intelligenz in der Arbeitswelt **13**

   3.1 Einsatzgebiete von KI 13

   3.2 KI im Unternehmen 13

   3.3 KI bei Zalando 19

   3.4 Algorithmen im Marketing 23

4 Makroökonomische Effekte Künstlicher Intelligenz **31**

   4.1 Ökonomische Effekte 31

   4.2 Auswirkungen auf den Arbeitsmarkt 35

   4.3 Herausforderungen und offene Fragen 38

5 Schlussbetrachtung und Fazit **41**

Literatur- und Quellenverzeichnis **43**

Abbildungsverzeichnis

Abbildung 1: Einfaches neuronales Netz 5

Abbildung 2: Die wertvollsten Unternehmen von 1990-2018 10

Abbildung 3: Die vier Stufen der industriellen Revolution 17

Abbildung 4: Plakat der gekündigten Zalando-Marketer 20

Abbildung 5: Bedeutung von Daten im Marketing 2018 24

Abbildung 6: Übersicht Programmatic Marketing 26

Abbildung 7: Auswirkungen von KI auf das BIP bis 2030 32

Abbildung 8: Projektion der KI-Impacts bis 2030 33

1 Einleitung

Im März 2018 entließ der Online-Modehändler Zalando 250 Marketing-Mitarbeiter in Berlin, da deren Aufgaben künftig von Algorithmen und Künstlicher Intelligenz übernommen werden (vgl. Meedia 2018). Der im Titel dieser Arbeit enthaltene Slogan "Me.Unemployed" war die Reaktion der gekündigten Marketing-Experten und spielt auf die im März 2018 aktuelle Kampagne "Me.Unlimited" des Modehändlers an (vgl. Handelsblatt 2018). Zalando gab anschließend öffentlich bekannt, dass konkrete Marketing-Aufgaben, wie zum Beispiel das Versenden von Werbe-Mails oder Newslettern, zukünftig von Algorithmen und Künstlicher Intelligenz gesteuert werden sollen (vgl. Meedia 2018). Aufgrund dieser Neuausrichtung des Marketings feuerte das Unternehmen einen großen Teil der Marketing-Abteilung. In den Bereichen Entwicklung und Datenanalyse sollen aber mehr als 2.000 neue Mitarbeiter eingestellt werden (vgl. Handelsblatt 2018).

Die Entwicklung bei Zalando ist kein Einzelfall (vgl. van Rinsum 2018), immer mehr Unternehmen setzen Künstliche Intelligenz ein und erhoffen sich dadurch Wettbewerbsvorteile. Auch Google hat seine Philosophie, welche zwischen den Jahren 2010 und 2017 auf dem Motto "Mobile First" lag, ab dem Jahr 2017 zu "AI first" geändert (vgl. Capgemini 2017). Aufgrund der wirtschaftlichen Brisanz des Themas, beschäftigt sich diese Arbeit mit Künstlicher Intelligenz in der Arbeitswelt.

Ziel der Arbeit ist es herauszufinden, in welchem Ausmaß Künstliche Intelligenz die Arbeitswelt verändert, in welchen Bereichen die neue Technologie eingesetzt wird und welche Makroökonomischen Effekte durch den Einsatz von KI zu erwarten sind. Durch diese Struktur lässt sich am Ende der Arbeit die Forschungsfrage beantworten, wie Künstliche Intelligenz die Arbeitswelt verändert. Der Schwerpunkt liegt aufgrund der Aktualität des Themas auf dem Einsatz Künstlicher Intelligenz im Marketing. Hier wird detailliert auf die verschiedenen Methoden und Ansätze eingegangen, einige Beispiele aus der Praxis vorgestellt und am Beispiel Zalando erklärt, welche neuen Marketing-Möglichkeiten sich aus der Nutzung von KI ergeben.

Der erste Teil dieser Arbeit umfasst notwendige Begriffserklärungen und Definitionen, gefolgt von einem Überblick der historischen Entwicklung Künstlicher Intelligenz und geht dann bereits auf die Bedeutung von KI in der Arbeitswelt ein. Im Hauptteil geht es um den konkreten Einsatz Künstlicher Intelligenz in der Arbeitswelt. Mit ausgewählten Best-Practice-Beispielen wird der Einsatz Künstlicher Intelligenz in den klassischen Unternehmensbereichen Handel und Logistik,

Produktion und Management aufgezeigt, anschließend wird der Fall Zalando ausgiebig beleuchtet. Das Beispiel von Zalando bildet den passenden Übergang, um im weiteren Verlauf der Arbeit auf den Einsatz von KI im Marketing einzugehen. Das so genannte Programmatic Marketing wird ausführlich beleuchtet, die verschiedenen KI-basierten Methoden aufgezeigt und durch Beispiele aus der Praxis abgerundet. Das Kapitel KI im Marketing schließt mit einer Zusammenfassung der Potenziale und Gefahren von KI im Marketing. Im zweiten Abschnitt des Hauptteils geht es um die zu erwartenden Makroökonomischen Effekte durch KI. Anhand verschiedener Studien und Hochrechnungen werden die zu erwartenden ökonomischen Effekte ausführlich dargestellt sowie die Auswirkungen auf den Arbeitsmarkt beleuchtet. Auch dieses Kapitel schließt mit einer Zusammenfassung der Herausforderungen im Umgang mit KI und gibt einen Ausblick auf die Zukunft. Die Schlussbetrachtung und das Fazit bilden den letzten Teil dieser Arbeit.

„Wenn Daten das Öl des 21. Jahrhunderts sind, so ist KI der Motor der diesen Kraftstoff nutzen kann. Gemeinsam bilden sie die Kraftquelle für die Digitalisierung." (Wess 2017)

2 Überblick Künstliche Intelligenz

2.1 Definition und Begriffserklärungen

Der Begriff „Künstliche Intelligenz" (KI) ist die deutsche Übersetzung des amerikanischen Begriffes "Artificial Intelligence" (AI), der erstmals im Jahr 1956 auftauchte (vgl. Görz/Schneeberger 2003: 1). John Mc Carthy, der Erfinder der Programmiersprache LISP, prägte den Begriff "Artificial Intelligence" im Jahr 1956 während einer sechswöchigen Konferenz am Darthmouth College in Hanover, New Hampshire (vgl. ebd.: 2). An der Konferenz mit dem Namen "Summer Research Project on Artificial Intelligence" nahmen verschiedene Forscher mit dem Ziel teil, Maschinen mit intelligentem Verhalten zu entwickeln. Diese Konferenz gilt heute als Geburtsstunde der KI-Forschung (vgl. Sesink 2012: 3).

Was genau man unter Künstlicher Intelligenz versteht, lässt sich bis heute nicht exakt eingrenzen. Es gibt eine Vielzahl verschiedener Definitionen, eine einheitliche Definition zu finden erweist sich aber aus zwei Gründen als schwierig: zum einen herrscht bis heute Uneinigkeit darüber, was man unter „Intelligenz" versteht und zum anderen, da das Gebiet rund um die Künstliche Intelligenz sehr breit ist (vgl. Buxmann/Schmidt 2018: 6). Laut Franklin und Graesser (1997) besteht aber Einigkeit darin, dass Künstliche Intelligenz ein Teilgebiet der Informatik darstellt, welches sich mit der Erforschung und Entwicklung von „intelligenten Agenten" befasst. Intelligente Agenten zeichnet aus, dass sie in der Lage sind, selbstständig Probleme zu lösen.

Man unterscheidet zwischen sogenannter starker Künstlicher Intelligenz ("Strong AI") und schwacher Künstlicher Intelligenz ("Weak AI") (vgl. Buxmann/Schmidt 2018: 6). Buxmann und Schmidt sind sich einig, dass man unter starker Künstlicher Intelligenz alle Ansätze versteht, die versuchen, den Menschen und die im Gehirn ablaufenden Vorgänge abzubilden und zu imitieren. Eigenschaften wie Bewusstsein und Empathie werden häufig als konstituierendes Merkmal einer solchen starken KI genannt. Um eine schwache KI handelt es sich, wenn gezielt Algorithmen für bestimmte, abgegrenzte Problemstellungen entwickelt werden (vgl. Goertzel 2010: 19-24). Schwache Künstliche Intelligenzen sind im Gegensatz zur starken Künstlichen Intelligenz mittlerweile technisch umsetzbar und bereits in zahlreichen Softwarelösungen implementiert. Lernfähigkeit ist eine wesentliche Anforderung an beide KI-Varianten, laut Buxmann und Schmidt ist die Forschung Stand 2018 aber noch lange nicht so weit, Forschungsprojekte umsetzen zu können, die die Kriterien für eine starke KI erfüllen würden. (Vgl. Buxmann/Schmidt 2018: 6)

Eine wichtige Unterform der KI ist Maschinelles Lernen (Machine Learning). Beim Machine Learning lernt der Computer auf Basis von Daten und gemachten Fehlern selbst, eine Aufgabe zu meistern. Das sogenannte Deep Learning ist wiederum eine Unterform des Machine Learning. Den Kern der Deep-Learning-Methoden bilden künstliche neuronale Netze, die versuchen, die Strukturen des menschlichen Gehirns mathematisch zu repräsentieren. Somit sind Methoden des Deep Learnings de facto neuronale Netze, bei denen zwischen Input und Output des Modells, viele weitere Verarbeitungsschichten liegen. (Vgl. Zimmermann 2017)

Technisch ausgedrückt sind neuronale Netze Verallgemeinerungen bekannter statistischer Regressionsmodelle. Ein neuronales Netzwerk ist eine Serie von Einheiten, die nach den Neuronen im menschlichen Gehirn modelliert sind und den Verbindungen zwischen ihnen, welche wiederum nach den menschlichen Synapsen modelliert sind. In Abbildung 1 sind die Punkte die Neuronen und die Pfeile bilden die Synapsen ab. Die Einheiten auf der linken Seite der Darstellung bilden die Input-Schicht, die rechte Schicht ist die Output-Schicht. Wird in die Input-Schicht nun eine Information eingespeist, beispielsweise ein Bild einer Katze, entspricht jede Einheit in der Input-Schicht nun einem Pixel des Bildes. Die Input-Schicht ist somit in der Lage, das Bild in seiner Gesamtheit zu identifizieren. Die Einheiten der Input-Schicht lösen Verbindungen zu den nächsten Einheiten aus, wenn sie das Bild identifizieren. Jede der Einheiten in der mittleren Spalte löst wiederum eigene Verbindungen aus, sobald die kombinierten Gewichtungen aller ausgelösten Verbindungen zu dieser Einheit einen bestimmten Schwellenwert übersteigen. Die Output-Schicht nimmt, wie die Einheiten in der mittleren Schicht, die kombinierten Gewichtungen aller ausgelösten Verbindungen zu ihr auf. Wenn diese über einem bestimmten Schwellenwert liegen, wird dies als "Yes" des Netzwerks verstanden. Durch dieses System kann das Netzwerk eine Antwort auf die Frage geben, ob es sich bei dem Bild um eine Katze handelt. (Vgl. Zimmermann 2017)

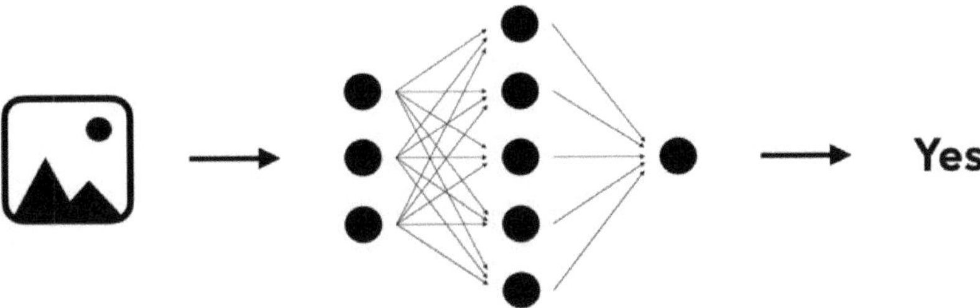

Abbildung 1: Einfaches neuronales Netz
(Quelle: LBBW 2017)

Im ersten Durchlauf dieses Prozesses wird die Antwort mit hoher Wahrscheinlichkeit falsch sein, da die Gewichtungen der Verbindungen zu diesem Zeitpunkt hauptsächlich zufällig erfolgen. Wird dem Netzwerk dann aber mitgeteilt, ob es richtig oder falsch lag, adjustiert es selbstständig die Gewichtungen der Verbindungen zwischen den Einheiten, um näher an die korrekte Antwort zu gelangen. Dieser Prozess muss entsprechend oft wiederholt werden, dass sich das neuronale Netzwerk dadurch selbstständig verbessert. (Vgl. Zimmermann 2017)

Da in der vorliegenden Arbeit vermehrt von Algorithmen gesprochen wird, bedarf es auch hier einer kurzen Definition:

> Algorithmen sind mathematisch-statistische Modelle, die auf Basis einer bestimmten Fragestellung und dem zu Grunde liegenden Datenmodell neue Erkenntnisse oder Aussagen bis hin zur Entscheidungsunterstützung liefern. Wirtschaftlich betrachtet sind diese Algorithmen der Motor für Innovation und neue Wertschöpfung gepaart mit dem Treibstoff Daten. (Bitkom 2017)

2.2 Historische Entwicklung

Um nachvollziehen zu können, wie die KI unsere Arbeitswelt verändert, sollten zu Beginn die Grundlagen und die Entstehung dieser neuen Disziplin geklärt werden. Die Grundsteine für die Entstehung der KI wurden bereits ab dem Jahr 1920 gelegt und greifen selbst auf noch ältere wissenschaftliche Errungenschaften zurück (vgl. Ertel 2013: 6). In dieser Arbeit werden lediglich die größten Meilensteine in der Entwicklung von KI knapp vorgestellt, um anschließend auf den Einsatz von Künstlicher Intelligenz in der Arbeitswelt einzugehen.

Um eine Künstliche Intelligenz erschaffen zu können, bedarf es grundlegend zweier Dinge. Es braucht eine formale Sprache, in die sich kognitive Prozesse abbilden lassen und in der sich rein formal neues Wissen generieren lässt. Außerdem benötigt Künstliche Intelligenz ein Medium oder „Behältnis" – analog dem menschlichen Gehirn. (Vgl. Manhart 2018)

Die Philosophen und Mathematiker Gottfried Wilhelm Leibniz, George Boole und Gottlob Frege entwickelten die alte aristotelische Logik weiter, und in den 30er Jahren des vergangenen Jahrhunderts zeigte Kurt Gödel mit dem Vollständigkeitssatz die Möglichkeiten – und mit den Unvollständigkeitssätzen die Grenzen – der Logik auf (vgl. ebd.). Durch diese neuen Erkenntnisse war die erste Bedingung, eine formale Sprache, für eine Künstliche Intelligenz gegeben.

Im Jahr 1936 beweist der britische Mathematiker Alan Turing durch seine Theorien, dass eine Rechenmaschine – heute als Turing-Maschine bekannt – in der Lage wäre, kognitive Prozesse auszuführen, vorausgesetzt diese lassen sich in Einzelschritte zerlegen und durch einen Algorithmus darstellen (vgl. Bosch 2018). Dies bedeutet übertragen auf menschliche Intelligenz, dass wenn man kognitive Prozesse in wohldefinierte Einzelschritte zerlegt, können diese auf einer Maschine ausgeführt werden (vgl. Manhart 2018). Mit dieser Theorie legt Alan Turing den Grundstein für das, was man heute als Künstliche Intelligenz versteht (vgl. Bosch 2018). Dadurch war auch die zweite Bedingung, ein Medium oder „Behältnis", für eine Künstliche Intelligenz gegeben.

Alan Turing war außerdem auf Grund des sogenannten Turing-Tests, den er das erste Mal im Jahr 1950 erläuterte, wichtig für die KI-Entwicklung (vgl. Manhart 2018). Der Turing-Test ist eine Methode um festzustellen, ob eine Maschine als intelligent betrachtet werden kann oder nicht (vgl. ebd.). Um dies herauszufinden, unterhält sich ein Proband mit zwei ihm unbekannten Gesprächspartnern via Text-Chat. Einer der Gesprächspartner ist ein Mensch, der andere ist eine Maschine. Der Turing-Test gilt als bestanden, wenn es dem Computer gelingt, seinem menschlichen Gegenüber in mehr als 30 Prozent einer Serie kurzer Unterhaltungen nicht als Computer aufzufallen (vgl. Gentsch 2018: 26). Gentsch verweist darauf, dass es bis heute (2018) kein Programm gibt, welches unumstritten den Turing-Test bestanden hat (vgl. ebd.).

Im Jahr 1956, während der sechswöchigen Konferenz "Summer Research Project on Artificial Intelligence" am Darthmouth College, entsteht der Begriff Künstliche Intelligenz (vgl. Görz/Schneeberger 2003: 2). Diese Konferenz gilt heute als

Geburtsstunde der KI-Forschung (vgl. Sesink 2012: 3). McCarthy, der Initiator der Konferenz, stellt kurze Zeit später eine Programmiersprache namens LISP vor, die in den folgenden Jahren als Standardsprache für KI-Anwendungen genutzt wird (vgl. Manhart 2018).

Joseph Weizenbaum, ein deutsch-amerikanischer Informatiker, erfindet im Jahr 1966 am Massachusetts Institute of Technology ein Computerprogramm, das mit Menschen kommuniziert (vgl. Bosch 2018). Das Programm mit dem Namen „ELIZIA" simuliert über Skripte verschiedene Gesprächspartner und wird heute als erster Chatbot in der Geschichte betrachtet (vgl. ebd.).

Das von Ted Shortliffe im Jahr 1972 entwickelte Expertensystem „MYCIN" ebnet der Künstlichen Intelligenz Einzug in die Praxis und verleiht dem Forschungsgebiet KI neuen Aufwind (vgl. Manhart 2018). Expertensysteme dienen dazu, Wissen eines bestimmten Fachgebiets in Form von Regeln und großen Wissensbasen zu repräsentieren. MYCIN diente zur Unterstützung von Diagnose- und Therapieentscheidungen bei Blutinfektionskrankheiten und Meningitis (vgl. ebd.).

Die von der Firma IBM entwickelte KI-Schachmaschine "Deep Blue" bezwingt 1997 den amtierenden Schachweltmeister Garry Kasparov in einem Turnier (vgl. Bosch 2018). Der Erfolg des Computers über den Schachweltmeister wurde jedoch im Nachhinein stark kritisiert, da Deep Blue den Erfolg nicht seiner künstlichen, kognitiven Intelligenz verdankte, sondern das Resultat roher Gewalt war. Der Computer rechnete alle nur denkbaren Züge durch (vgl. Manhart 2018).

Dank enormer Technologiesprünge bei Hard- und Software zwischen den Jahren 1990 und 2010 (vgl. Bosch 2018) bahnte sich Künstliche Intelligenz ab dem Jahr 2011 den Weg in das tägliche Leben. Insbesondere die KI-Gebiete maschinelles Lernen, neuronale Netze und Natural Language Processing (vgl. Manhart 2018) boomten ab dem Jahr 2011. Im privaten Gebrauch erweisen sich Sprachassistenten wie Apples Siri, die Software Cortana von Microsoft oder der von Amazon entwickelte Sprachassistent Alexa als äußerst beliebt (vgl. Bosch 2018).

Ein weiterer Meilenstein, der Künstlicher Intelligenz auch gesellschaftliches Ansehen einbrachte, war der Sieg von IBM`s Watson in einer US-amerikanischen TV-Quizshow im Jahr 2011 (vgl. Bosch 2018). Das von IBM entwickelte Computerprogramm bewies dadurch, dass es natürliche Sprache versteht und schnell auf unvorhersehbare Fragen antworten kann (vgl. ebd.).

Das vorläufig letzte einschneidende Ereignis war im Jahr 2016, als Google`s Alpha Go den vermutlich besten Go-Spieler bezwang (vgl. Manhart 2018). Im Gegensatz zum Schach ist das japanische Brettspiel Go aufgrund der größeren Komplexität nicht mit traditionellen Algorithmen, wie sie Deep Blue verwendete, zu bezwingen. Deep Learning und weitere KI-Methoden führten das von Google erschaffene Programm zum Erfolg (vgl. ebd.).

Die Entwicklung der Künstlichen Intelligenz steht noch relativ am Anfang (vgl. Bosch 2018) und muss zukünftig, um in den verschiedensten Bereichen des Lebens eingesetzt werden zu können, zuverlässiger und sicherer gegen Manipulationen werden (vgl. ebd.). Die großen Tech-Konzerne dieser Welt setzen ihre Zukunft bereits auf die Technologie der Künstlichen Intelligenz. Abzuwarten bleibt aber, wie die restlichen Unternehmen mit der Technologie umgehen. Laut Zimmermann (vgl. 2017) ist es sehr wahrscheinlich, dass viele Unternehmen es verpassen, frühzeitig das Potenzial von KI zu entdecken und für sich zu nutzen. Zimmermann geht davon aus, dass KI an Bedeutung das Internet noch übertreffen wird und nur mit der Erfindung der Elektrizität zu vergleichen ist. Wie Künstliche Intelligenz in unserer Arbeitswelt, besonders im Marketing, bereits eingesetzt wird und welche Effekte dies auf den Arbeitsmarkt hat, damit befasst sich der folgende Teil dieser Arbeit.

2.3 Bedeutung von KI für die Arbeitswelt

> „KI ist wie Sex unter Teenagern – alle reden darüber, aber keiner weiß, wie es wirklich geht." (Bünte 2018a: 10)

Mit diesen Worten beschreibt Prof. Dr. Claudia Bünte die aktuelle Situation und den Einsatz von Künstlicher Intelligenz in der Wirtschaft für die Region Dach. Bünte führte im April 2018 eine Studie (vgl. Bünte 2018b) unter 208 Marketing-Managern durch, um die Einsatzfelder und Anwendungsgebiete von Künstlicher Intelligenz im Marketing zu erforschen. Die Ergebnisse aus dieser Studie zeigen deutlich, dass Künstlicher Intelligenz ein sehr hoher Stellenwert unter den Marketing-Managern zugetragen wird und die Technologie enormes Potential mit sich bringt (vgl. Bünte 2018a). Bünte schließt aus der durchgeführten Studie, dass der Zugang und richtige Umgang mit Daten zum entscheidenden Wettbewerbsvorteil für Unternehmen wird und KI die Schlüsseltechnologie bietet, diese Daten zu nutzen. Zudem sagt Bünte voraus, dass die Marketingbranche, als eine der direktesten Disziplinen eines Unternehmens im Umgang mit Kunden, am besten von den Vorteilen durch KI profitieren kann. Die Bedeutung von Künstlicher Intelligenz im Marketing ist zumindest im Marketing bereits voll anerkannt, allerdings sind Wissen, Erfahrungen und der Einsatz von KI noch relativ gering. Die momentan in der Marketing-

Praxis genutzten KI-Tools sind noch Insellösungen und es fehlt eine übergreifende und vernetzte Lösung. (Vgl. Bünte 2018a: 39) Auf die speziellen Anwendungsfelder von KI im Marketing wird ab Punkt 3.3 dieser Arbeit eingegangen.

Die Frage, warum Künstliche Intelligenz gerade jetzt eine ausschlaggebende Rolle für die Wirtschaft spielt, lässt sich anhand der folgenden Entwicklung beantworten. Schaut man sich die Abbildung 2 an, sieht man, dass im Jahr 2018, gemessen an der Marktkapitalisierung, die Tech-Firmen Apple, Amazon, Microsoft und Alphabet (der Mutterkonzern zu Google) an der Spitze stehen. Die Portfolios dieser vier Firmen basieren auf Daten – Kaufdaten, Suchdaten, Kundendaten, Bilddaten etc. (vgl. Bünte 2018a). Vor einigen Jahren noch waren hauptsächlich Firmen, wie zum Beispiel Genreal Electric, an der Spitze, deren Angebotsportfolios auf Öl fußten.

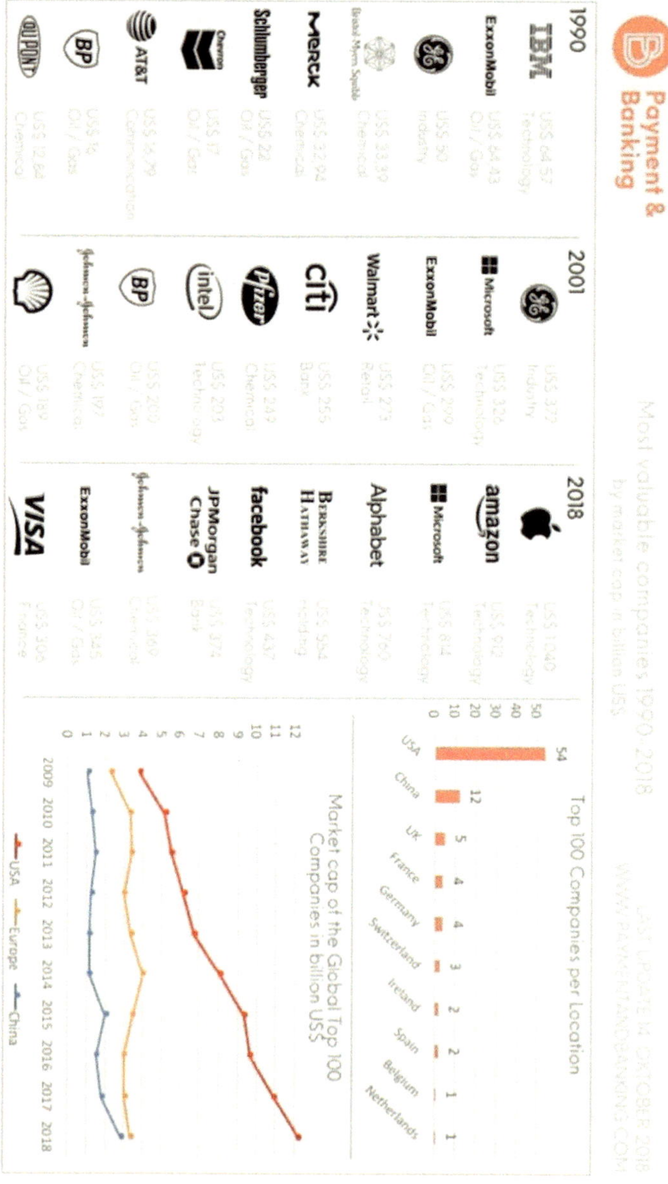

Abbildung 2: Die wertvollsten Unternehmen von 1990-2018
(Quelle: Nitsche 2018)

Große Digitalunternehmen wie Google oder Amazon, deren Portfolios auf Daten basieren, setzen Künstliche Intelligenz bereits gezielt und massiv ein und sind dadurch in der Lage, ihren Kunden völlig neue Möglichkeiten und persönlich zugeschnittene Erlebnisse zu bieten (vgl. Knapp/Wagner 2018: 161).

Das Wachstum einer Volkswirtschaft hängt in der ökonomischen Theorie vom Einsatz der Produktionsfaktoren Arbeit und Kapital ab. Eine Volkswirtschaft wächst, wenn die eingesetzte Menge der Produktionsfaktoren steigt oder wenn die Faktoren produktiver eingesetzt werden (vgl. Buxmann/Schmidt 2018: 25).

An diesem Punkt kommt die Bedeutung von KI ins Spiel: KI kann die Produktivität von Arbeit und Kapital erhöhen. Algorithmen nehmen Arbeitern Routinetätigkeiten ab und können ihnen Fähigkeiten verleihen, die sie ohne technische Hilfe nicht erreichen würden. Aber auch Kapital kann Künstliche Intelligenz produktiver machen, indem beispielsweise selbstlernende Maschinen zuverlässiger funktionieren oder komplett eigenständig operieren. Die angesprochenen Produktivitätseffekte gewinnen mit steigender Datenmenge und Selbstlernfähigkeit der Algorithmen immer mehr an Bedeutung. (Vgl. ebd.)

Durch die Verfügbarkeit von Big Data und dem intelligenten auswerten der vorhandenen Daten durch KI, können sich Unternehmen also einen enormen Wettbewerbsvorteil verschaffen. Aus diesem Grund spielt KI gerade jetzt eine so ausschlaggebende Rolle für die Wirtschaft. „Erst KI macht aus Big Data Smart Data". (EY 2018)

Der Markt für auf Künstlicher Intelligenz basierten Dienstleistungen könnte laut einer Studie von McKinsey weltweit sogar um bis zu 25% jährlich steigen (vgl. McKinsey 2017).

Beschäftigt man sich intensiver mit dem Thema, fällt auf, dass in der öffentlichen Diskussion Künstliche Intelligenz meist als Ersatz des Produktionsfaktors Arbeit gesehen wird. Im Bereich Marketing liegt eine aktuell häufige Anwendung in der KI-gesteuerten Auslieferung digitaler Werbemittel (vgl. Buxmann/Schmidt 2018: 26). Dies war auch der Grund, für die in der Einleitung dieser Arbeit angesprochenen, Entlassungswelle von 250 Mitarbeitern beim Modehändler Zalando. Peter Buxmann und Holger Schmidt (2018) weisen aber darauf hin, dass im Mittelpunkt der meisten KI-Projekte nicht der Ersatz eines Produktionsfaktors steht, sondern die Erhöhung seiner Produktivität. So konnte die Firma Siemens beispielsweise die Emissionen einer Gasturbine um 20% senken, nachdem KI-Algorithmen die Steuerung übernommen haben (vgl. Capgemini 2017) und Google konnte die Energiekosten eines Rechenzentrums dank Künstlicher Intelligenz um 40% senken (vgl. Deep Mind 2016).

Prof. Dr. Henning Vöpel, Direktor des Hamburgischen WeltWirtschaftsInsituts (HWWI), geht noch einen Schritt weiter und behauptet, dass Daten neben Kapital und Arbeit in der Produktionsfunktion als eigenständiger Produktionsfaktor erscheinen (vgl. Vöpel 2018).

> Dadurch verändert sich zugleich das Substitutionsverhältnis der Produktionsfaktoren untereinander und somit die funktionale Verteilung der Einkommen auf Daten, Kapital und Arbeit. So wie in der Agrarwirtschaft dem Faktor Boden die ökonomische Rente zufiel, gewann der Faktor Kapital im Industriekapitalismus Marktmacht gegenüber dem Faktor Arbeit. KI wird das Verhältnis zwischen Daten, Kapital und Arbeit nun wieder völlig neu definieren. (Vöpel 2018)

Vöpel sieht in der Digitalisierung die technologische Möglichkeit, die in Daten liegende Wertschöpfung ökonomisch zu nutzen. Künstliche Intelligenz einzusetzen, um Muster in Daten zu erkennen, Prozesse zu steuern und aus neuen Daten zu lernen, ist seiner Ansicht nach neben den Daten selbst der wesentliche Schlüssel zur Digitalisierung. Die Ökonomisierung von KI besteht darin, dass sie im Vergleich zum Menschen schneller und systematischer mit großen, auch unstrukturierten Daten umgehen kann. Künstliche Intelligenz ist nach Ansicht Vöpels somit keine Fortsetzung der industriellen Automatisierung mit anderen Mitteln, sondern ein qualitativer Sprung in die Autonomisierung von Prozessen und Entscheidungen. (Vgl. Vöpel 2018)

Exakte Anwendungsfälle und Beispiele aus der Praxis werden im folgenden Kapitel dieser Arbeit näher beleuchtet.

3 Künstliche Intelligenz in der Arbeitswelt

3.1 Einsatzgebiete von KI

Peter Gentsch fasst in seinem Buch „Künstliche Intelligenz für Sales, Marketing und Service" zusammen, dass Künstliche Intelligenz in klassischen Unternehmensbereichen die Art zu arbeiten nachhaltig und radikal verändern wird: Unternehmen können durch den Einsatz von KI nicht nur Effizienz- und Produktivitätspotenziale ausschöpfen, sondern auch spezifischer auf Kunden eingehen und damit einen Mehrwert schaffen (vgl. Gentsch 2018: 55). Die SAP-Innovationsexperten Bernd Leukert, Jürgen Müller und Markus Noga sagen voraus, dass sich Geschäftsmodelle und Prozesse von Unternehmen im Vergleich zu den vergangenen Jahrzehnten in den kommenden Jahren durch KI noch einmal fundamental verändern werden (vgl. Leukert/Müller/Noga 2018: 42-43). Auch deutsche Unternehmen wie Volkswagen, adidas (vgl. ARD 2017) oder Continental (vgl. Continental 2017) verstehen Künstliche Intelligenz als Schlüsseltechnologie und richten einen starken Fokus auf die einzelnen Gebiete, die sich durch die neue Technologie erschließen lassen.

Mitarbeiter von Unternehmen werden lernen müssen, mit den Technologien der Künstlichen Intelligenz zusammenzuarbeiten. Laut Gentsch gibt es durch KI mehr als nur Wettbewerbsvorteile durch den Abbau von Arbeitskräften oder gesteigerter Produktivität, da gut strukturierte und standardisierte Bereiche von Künstlichen Intelligenzen zwar komplett übernommen werden können, in Bereichen, bei denen es um Empathie oder die Zusammenarbeit mit Menschen geht, die menschliche Arbeitskraft aber nicht wegfallen wird (vgl. Gentsch 2018: 56).

Digitale Unternehmen bilden die derzeitige Evolutionsstufe innerhalb eines Paradigmenwechsels hin zu selbstlernenden Unternehmen (vgl. Leukert/Müller/Noga 2018: 43). In diesen sogenannten selbstlernenden, von Künstlicher Intelligenz unterstützten, Unternehmen werden Menschen in repetitiven Prozessen nur noch eine anleitende und überwachende Rolle einnehmen (vgl. ebd.).

3.2 KI im Unternehmen

Dieser Absatz beschäftigt sich mit konkreten Einsatzgebieten von Künstlicher Intelligenz in der Arbeitswelt und zeigt Best-Practice-Beispiele aus verschiedenen Unternehmen auf. Daran wird sich erkennen lassen, dass Künstliche Intelligenz die Art zu arbeiten nachhaltig und radikal verändern wird (vgl. Gentsch 2018: 55) Aufgrund des begrenzten Umfangs und dem thematischen Schwerpunkt „KI im

Marketing", wird nicht auf die einzelnen Industrien, wie zum Beispiel Automobilindustrie, Versicherungsindustrie usw. eingegangen, sondern lediglich ein Überblick des Einsatzes von Künstlicher Intelligenz in den klassischen Unternehmensbereichen Handel und Logistik, Produktion und Management gegeben.

3.2.1 Handel und Logistik

Künstliche Intelligenz wird im Handel bereits für Aufgaben wie Preisoptimierung, Vertriebsvorhersagen, Einkaufsplanung, Warendisposition und Betrugsprävention genutzt (vgl. Bitkom 2017). Beim Verkauf generieren Entscheidungssysteme Kundenempfehlungen und errechnen den aktuell optimalen Preis, auf der anderen Seite sorgen Planungssysteme für eine effiziente und lückenlose Lieferkette (vgl. ebd.). Laut Kolbrück wollen rund 45 Prozent aller Retailer in den Jahren zwischen 2017 und 2020 vermehrt auf Künstliche Intelligenz setzen (vgl. Kolbrück 2017). Beim Thema Logistik rechnen über 50 Prozent der deutschen Unternehmen mit Logistikprozessen damit, dass Waren in den kommenden Jahren mit autonomen Fahrzeugen transportiert werden (vgl. Bitkom 2017).

Es folgen ausgewählte Beispiele von Unternehmen, die mit Hilfe von KI ihre Handels- oder Logistikprozesse optimieren:

Im Jahr 2012 begann der Online-Händler Amazon durch die Übernahme von „Alvs Robotics", KI-Technologien in der Logistik zu nutzen. Das daraus entstandene Projekt „Amazon Robotics" beschäftigt sich damit, Roboter zu produzieren, die in den Logistikzentren von Amazon zu automatischen Prozessabläufen beitragen. Inzwischen werden die Roboter, die etwa 145kg wiegen, 340kg Gewicht heben können und mit einer Geschwindigkeit von 5,5 km/h durch die Lagerhallen fahren, als Standard in den Logistikzentren von Amazon in Europa und den Vereinigten Staaten genutzt. (Vgl. Gentsch 2018: 56)

Nicht nur in der Logistik unterstützt KI die Abläufe von Amazon, auch im Handel zeigt sich die Technik für den Großkonzern als Türöffner. Mit „Amazon Go" testet das Unternehmen in Seattle einen kassenlosen Supermarkt. Das Konzept von Amazon Go eliminiert das Ein- und Auspacken für den Kunden im Supermarkt. Der Kunde nimmt einfach das gewünschte Produkt aus dem Regal, steckt es in die Tasche und kann den Supermarkt wieder verlassen. Gezahlt wird digital. Um dieses Konzept umsetzen zu können, kommen ausgefeilte Kombinationen verschiedener Sensortechnologien zum Einsatz. (Vgl. Herbrich 2018)

Hitachi, ein japanischer Elektronikkonzern, entwickelte eine KI-Technik mit dem Namen „H". H wurde in internen Lagerhallen installiert, um Arbeitsaufträge und Anweisungen an die dort angestellten Lagerarbeiter zu vergeben. Die KI-Technik analysiert, wie die Beschäftigten Aufgaben angehen und bemerkt, wann eine Herangehensweise die Effizienz steigert. Das Unternehmen Hitachi gibt an, mit der eingesetzten KI die Produktivität im Vergleich zu anderen Lagerhäusern ohne KI um acht Prozent gesteigert zu haben. (Vgl. Bitkom 2017)

An diesen bereits ausgeführten Beispielen kann man erkennen, dass KI-Technologien in der Logistik sowie auch im Handel schnelles Reagieren auf bestimmte Probleme ermöglichen und schon jetzt den Ablauf bestimmter Prozesse komplett neu definieren. Gentsch betont in seinem Absatz über die Amazon-Roboter aber, dass Menschen für den Großkonzern noch immer von wichtiger Bedeutung sind. Die Erfahrungen der Angestellten sind unentbehrlich und jeder neu eingesetzte Roboter muss von diesen Erfahrungen lernen und teilweise auch von Menschen überwacht und gesteuert werden (vgl. Gentsch 2018: 58).

3.2.2 Produktion

Beschäftigt man sich mit Künstlicher Intelligenz in Verbindung mit Produktion, stößt man unweigerlich auf die Begriffe „Industrie 4.0" und „Smart Factory", auch bekannt unter dem deutschen Begriff „intelligente Fabrik". Von Industrie 4.0 spricht man, wenn Menschen, Maschinen und industrielle Prozesse in der Lage sind, sich intelligent miteinander zu vernetzen (vgl. BMWi 2017). Die Kommunikation untereinander läuft mittels Funksender, Datenwolken im Internet oder direkt im Intranet der Fabrik ab. Produktionsanlagen und alle vernetzten Geräte haben Diagnose- und Reparaturfähigkeiten, weshalb sich die intelligente Fabrik somit selbst organisieren kann (vgl. Eisert 2014).

Durch die Verzahnung von Produktion mit modernster Informations- und Kommunikationstechnik in Verbindung mit Künstlicher Intelligenz, können Produkte individuell und ohne großen Aufwand nach Kundenwünschen hergestellt werden. Ziel der Industrie 4.0 ist es, auch Einzelstücke in höchster Qualität zum Preis von Massenware produzieren zu können. Dabei bestimmt die Industrie 4.0 die gesamte Lebensphase eines Produktes. Die Lebensphase eines Produktes besteht in der Regel aus einer Idee, der Entwicklung und Fertigung, der Nutzung und Wartung, bis hin zum Recycling. (Vgl. BMWi 2017)

In Abbildung 3 sieht man die verschiedenen Entwicklungsphasen bis hin zur heutigen vierten industriellen Revolution. An der Darstellung lässt sich auch erkennen, welche Weiterentwicklung und welcher Fortschritt eine neue Ära eingeleitet hat.

Dass sich die Industrie stetig weiterentwickelt ist aufgrund immer neuerer Innovationen und Technologien völlig normal. Passiert dies aber sprunghaft, spricht man von einer Revolution. Der Auslöser für die bevorstehende vierte industrielle Revolution ist die Verzahnung der industriellen Produktion mit Hilfe modernster Informations- und Kommunikationstechnik auf intelligente Art und Weise. (Vgl. BMWi 2017)

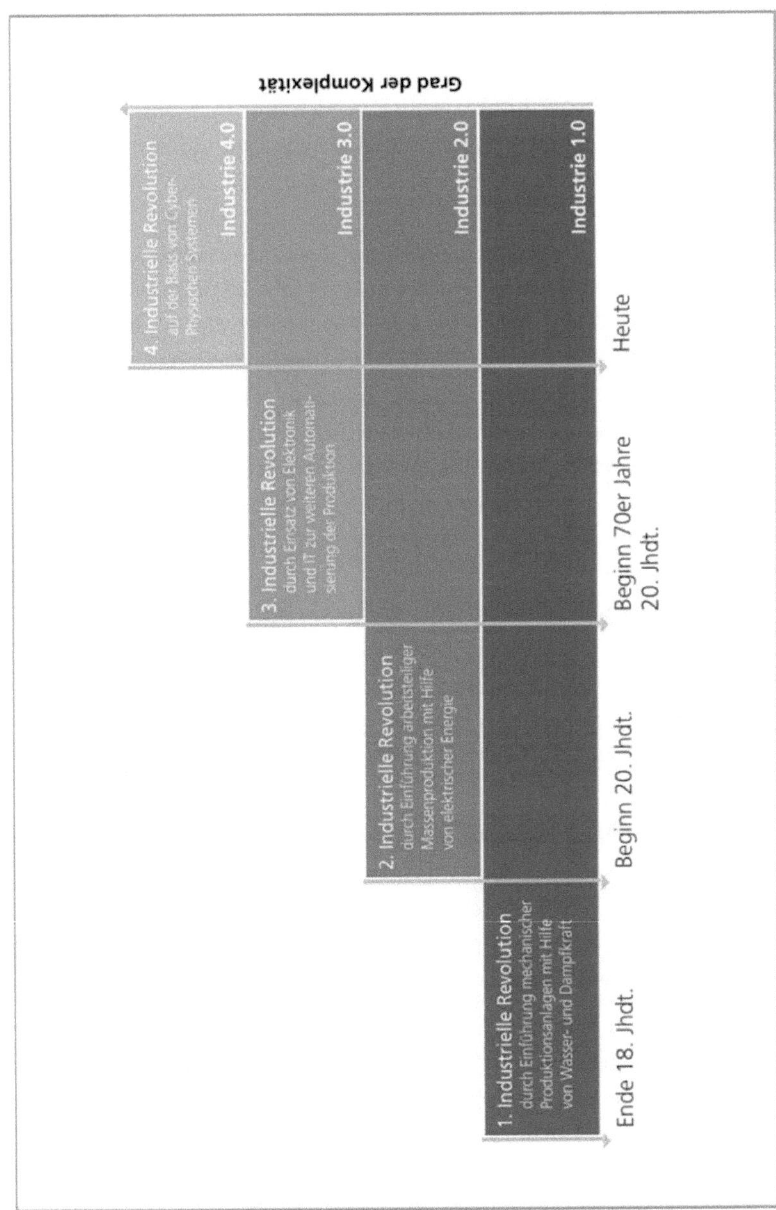

Abbildung 3: Die vier Stufen der industriellen Revolution
(Quelle: Ganschar et. al. 2013)

Es folgt ein ausgewähltes Beispiel aus der Praxis, wie mit Hilfe von KI Produktionsprozesse optimiert werden können:

Der Sportartikelhersteller adidas erforschte zwischen den Jahren 2013 und 2016 im Rahmen des Technologieprogrammes „Autonomic for Industry 4.0" des Bundesministeriums für Wirtschaft und Energie, wie die Sportartikelproduktion der Zukunft aussehen könnte (vgl. Krenski 2018). Die 2017 eröffnete Produktionsstätte Speedfactory im fränkischen Ansbach ist das Resultat aus diesem Projekt (vgl. Fortiss o.J.). Eine zweite Hightech-Fabrik wurde im Jahr 2018 im US-Bundesstaat Georgia eröffnet (vgl. Green 2018). Die neuen Schuhe werden in den Speedfactories durch einen vollständig automatisierten digitalen Herstellungsprozess produziert (vgl. ebd.) In der von Robotern geführten Fabrik werden die Daten von Kunden dafür verwendet, die Schuhe optimal an die Designvorlieben und anatomischen Proportionen der späteren Träger anzupassen. Der zugrunde liegende Algorithmus, welcher die Maschinen untereinander anleitet, sorgt für den reibungslosen und flexiblen Ablauf. Da die Umsetzung vom Entwurf bis zur digitalen Fertigung ohne Umwege geschieht, verkürzt sich die Logistikkette auf einen Bruchteil und das Unternehmen kann dadurch schneller auf veränderte Kundenwünsche eingehen. (Vgl. Krenski 2018)

Bis 2020 will der Sportartikelhersteller in seinen beiden Speedfactories insgesamt eine Million Schuhe pro Jahr produzieren können (vgl. Green 2018).

3.2.3 Management

Peter Gentsch schreibt in seinem Buch „Künstliche Intelligenz für Sales, Marketing und Service", dass das Erstellen und Analysieren von Reports oder vergleichbare Aufgaben bereits stark von Maschinen und Software übernommen werden, Aufgaben wie Strategieerstellung oder das Führen von Mitarbeitern aber auch langfristig von Managern ausgeführt werden (vgl. Gentsch 2018: 59).

Das Investmentunternehmen „Deep Knowledge Ventures" aus Hongkong vertritt eine andere Meinung und nimmt bereits im Jahr 2014 als erste Organisation der Welt eine Künstliche Intelligenz mit dem Namen VITAL in sein Direktorium auf (vgl. Pluta 2014). VITAL steht für „Validating Investment Tool for Advancing Life Sciences" und wurde vom britischen Unternehmen Aging Analytics entwickelt (vgl. März 2017). VITAL wurde zum sechsten Mitglied des Direktoriums gewählt und erhielt eine seinen fünf menschlichen Kollegen gleichwertige Stimme und hat somit auch Entscheidungsbefugnis. Das Programm sucht nach Finanzierungstrends und spürt neue Investitionsmöglichkeiten auf. (Vgl. Pluta 2014)

Ein weiteres Beispiel für den Einsatz Künstlicher Intelligenz auf Management-Ebene ist der größte Hedgefond der Welt, Bridgewater Associates. Das Unternehmen entwickelt seit 2015 ein KI-gesteuertes Programm, welches Management-Aufgaben wie Strategieentscheidungen und das Einstellen und Kündigen von Mitarbeitern übernehmen soll. Leiter der Innovationseinheit bei Bridgewater Associates ist David Ferrucci, der frühere Chef-Entwickler von IBM`s Watson, dem Programm, das 2011 den Sieg bei der Quizshow „Jeopardy!" einfuhr. (Vgl. The Guardian 2016)

3.3 KI bei Zalando

„Me.Unemployed", so lautete die Reaktion der rund 250 gefeuerten Marketing-Mitarbeiter von Zalando im März 2018 (vgl. Meedia 2018). Die Aufgaben der entlassenen Zalando-Marketer sollen zukünftig von Algorithmen und Künstlichen Intelligenzen übernommen werden. Der Slogan "Me.Unemployed" (siehe Abbildung 4) spielt auf die im März 2018 aktuelle Kampagne "Me.Unlimited" des Modehändlers an (vgl. ebd.).

Abbildung 4: Plakat der gekündigten Zalando-Marketer
(Quelle: Lambrecht 2018)

Zalando gab anschließend öffentlich bekannt, dass konkrete Marketing-Aufgaben, wie zum Beispiel das Versenden von Werbe-Mails, Newslettern und ähnlichem, zukünftig von Algorithmen oder Künstlicher Intelligenz gesteuert werden sollen. Aufgrund dieser Umstrukturierung feuerte das Unternehmen etwa 250 Marketing-Mitarbeiter. In anderen Bereichen wie Entwicklung und Datenanalyse, sollen aber mehr als 2.000 neue Mitarbeiter eingestellt werden. (Vgl. Handelsblatt 2018)

Moritz Hahn, Senior Vice President of Supply and Demand bei Zalando, veröffentlicht zeitgleich einen Artikel mit dem Titel "Nicht nur unser Kunde entwickelt sich stetig weiter, auch wir. Wie Zalando die nächste Stufe im Marketing erklimmt", auf der Firmen-Website, in dem er auf die konkreten zukünftigen Marketing-Maßnahmen des Modehändlers eingeht und erklärt, warum eine Neustrukturierung des Marketing-Teams notwendig ist (vgl. Hahn 2018).

> Diese Neuausrichtung wirkt sich leider auch auf bestimmte Arbeitsbereiche aus, die wir in Zukunft nicht mehr weiterführen werden. Einige Beschäftigungen werden in die neue Organisationsstruktur – allerdings in geringerem Umfang – integriert. Das bedeutet, dass nicht jeder Mitarbeiter weiterhin bei Zalando beschäftigt bleiben kann. Wir haben diese Entscheidung nach reiflicher Überlegung getroffen und wir werden unser Bestes tun, um individuelle Lösungen für jeden einzelnen betroffenen Mitarbeiter zu finden. [...] Abgesehen von dieser schwierigen, aber notwendigen Entscheidung wird die Neuausrichtung der Marketing Teams dabei helfen, auch künftig den Ton für die Entwicklungen in der modernen Fashionindustrie anzugeben und noch smartere, personalisiertere und integriertere Lösungen für unsere Kunden anzubieten. (Hahn 2018)

Da Zalando mit einem erwirtschafteten Umsatz von 1,3 Milliarden Euro im Jahr 2017 hinter Größen wie Amazon und Otto auf Platz drei der in Deutschland aktiven Online-Shops liegt (vgl. Statista 2018), lohnt sich ein genauer Blick auf die geplanten Marketing-Maßnahmen des Modehändlers. Als dritterfolgreichster Online-Händler 2017 nimmt Zalando im Marketing eine Vorreiterrolle ein und dient mit der geplanten Neustrukturierung als perfektes Beispiel dafür, wie mit Hilfe von Künstlicher Intelligenz das Marketing optimiert werden kann.

Im Folgenden werden, die von Moritz Hahn vorgestellten und geplanten Marketing-Maßnahmen bei Zalando kurz erläutert und wiedergegeben. Anschließend werden die angesprochenen Bereiche in einen allgemeineren Kontext gebracht und um fehlende und/oder zusätzliche Möglichkeiten ergänzt.

> Von nun an werden wir die Trennung zwischen kommerziellem und marken-getriebenem Marketing aufheben – und Kopf (messbare, datengetriebene Lösungen) mit Herz (kreative, ansprechende Inhalte und Kampagnen) noch stärker miteinander verbinden. Das bedeutet, wir integrieren unsere Marketingaktivitäten in die Zalando Fashion Store Teams und reichern damit unsere Mode-Expertise mit modernsten, daten- und AI-getriebenen Technologien für eine noch personalisiertere Kundenansprache an. (Hahn 2018)

3.3.1 Lokalisiertes Marketing

Konsumenten suchen aufgrund der stets wichtiger werdenden Rolle von Mobile vermehrt nach hyperlokalen Inhalten. Um den Bedürfnissen ihrer Kunden gerecht zu werden, steigt die Lokalisierung des Marketings von bekannten Marken zunehmend. Auch Zalando hat durch die Kampagne #Whereveryouare bereits damit begonnen, sein Marketing zu lokalisieren und plant, dies im Zuge der Neustrukturierung noch weiter auszubauen. (Vgl. Hahn 2018)

3.3.2 Personalisiertes Marketing

Smart integrierte Influencer, eine personalisierte Mobile-Einbindung und genau auf ihn oder sie zugeschnittene Empfehlungen werden von Kunden heutzutage erwartet und vorausgesetzt. Das vorhandene fundierte Wissen über die Kunden muss also in intelligente und umsetzbare Resultate übersetzt werden. Zalando bietet seinen Kunden schon jetzt einen personalisierten Online-Shop, der durch die Verwendung von datengetriebenen und A-B getesteten Kundeninformationen individuell auf den jeweiligen User angepasst wird. Ziel der Neustrukturierung der Marketing-Maßnahmen ist nun, diesen Ansatz auch auf das Marketing zu übertragen. (Vgl. Hahn 2018)

Mehr relevante Inhalte

Kunden und Konsumenten wünschen sich von Unternehmen, Teil der Konversation zu sein, sind bereit, authentische und relevante Geschichten zu teilen und vertrauen Meinungsbildnern. Nur ein kontinuierlicher Content-Strom kann sicherstellen, dass Kunden nicht mit den immer gleichen Inhalten gelangweilt werden. Zalando hat bereits mit der Aktion "Get the Look" bereits damit begonnen, den Kunden mehr relevante Inhalte zu bieten. Zukünftig soll dies aber noch auf weitere Bereiche ausgeweitet und verstärkt werden. (Vgl. Hahn 2018)

3.3.3 Inspirierendes, direktes Kundenerlebnis

Im Gegensatz zu den drei vorigen Maßnahmen ist das inspirierende und direkte Kundenerlebnis nicht mit Hilfe von KI-Technologien umsetzbar und wird in dieser Arbeit daher nicht weiter behandelt. Lediglich zur Vollständigkeit wurde diese vierte und letzte Maßnahme angeführt.

3.3.4 Entwicklung bei Zalando

Schaut man sich die ersten drei Vorhaben an, fällt auf, dass es dem Modehändler zukünftig hauptsächlich darum geht, individuelle und perfekt auf den jeweiligen User zugeschnittene Marketing-Botschaften zu generieren. Lokalisiertes, personalisiertes und relevantes Marketing lässt sich in Zeiten von Big Data ohne den Einsatz von Algorithmen und Künstlicher Intelligenz wohl kaum umsetzen. Mit Algorithmen lassen sich die vorhandenen Datensätze analysieren, untergliedern und Muster oder vorhandene Trends erkennnen (vgl. Gentsch 2018: 63-64).

Van Rinsum schreibt in einem Beitrag, dass vieles dafür spricht, dass das Marketing ein Opfer seiner eigenen Datenversessenheit wird und Bereiche des operativen Online-Marketings durch Algorithmen ersetzt werden, da diese 24 Stunden am Tag viel schneller und exakter mit personalisiertem Content auf potenzielle Kunden reagieren können (vgl. van Rinsum 2018). Diese Aussage wird gestützt von der Tatsache, dass der Stellenabbau bei Zalando im Marketing kein Einzelfall war. So traf es auch Marketer des Online-Portals Dawanda im Jahr 2017 aufgrund einer Umstrukturierung, und der Online-Optiker Brille 24 forscht bereits mit dem Deutschen Forschungszentrum für Künstliche Intelligenz (DFKI) an Möglichkeiten, KI verstärkt im Marketing einsetzen zu können, um dadurch höhere Umsätze und niedrigere Personalkosten zu generieren (vgl. ebd.). Weitere Beispiele aus der Praxis werden im Abschnitt 3.4.2 vorgestellt.

Im folgenden Abschnitt 3.4 wird erklärt, wie und an welchen Stellen Algorithmen das Marketing beeinflussen und welche Rolle Künstliche Intelligenz in diesem Zusammenhang spielt.

3.4 Algorithmen im Marketing

Seit dem Jahr 2001 hat das Sammeln von Big Data für Unternehmen und insbesondere für Marketer an Bedeutung gewonnen, und damit einhergehend auch die Automation von Marketingprozessen (vgl. Gentsch 2018: 63). Durch die explosionsartige Zunahme der Datenmengen circa ab dem Jahr 2016, wussten viele Unternehmen jedoch nicht mehr, wie sie diese riesigen Datenmengen mit den bisherigen Systemen und Softwarelösungen nutzen können. Das volle Potenzial von Big Data wurde und wird bei Weitem noch nicht ausgeschöpft (vgl. ebd.).

Die Studie "Future Ready" der Digitalagentur Wundermann (Abbildung 5) bestätigt diese Entwicklung und zeigt deutlich, dass die verfügbaren Datenmengen im Unternehmensbereich noch nicht effektiv genutzt werden.

Abbildung 5: Bedeutung von Daten im Marketing 2018
(Quelle: thinkfutureready 2018)

Heutzutage besteht die Aufgabe des Marketers nicht mehr darin, so viele Daten wie möglich zu sammeln, sondern vielmehr die vorhandenen Daten effektiv auswerten und daraus Handlungsempfehlungen ableiten zu können (vgl. Garff 2018). Aus diesem Grund ist vor allem im Bereich Marketing die algorithmenbasierte Entscheidungsunterstützung immer beliebter, wie auch die Neustrukturierung bei Zalando belegt, und wird sich in den kommenden Jahren verstärkt etablieren (vgl. Bitkom 2017).

Durch den Einsatz von Algorithmen im Marketing ist es möglich, die vorhandenen Datensätze effektiver zu bearbeiten, Änderungen zu beobachten und Empfehlungen für Maßnahmen in Echtzeit zu geben (vgl. Gentsch 2018: 64). Dadurch wird der Einsatz von selbst optimierenden Algorithmen und Künstlicher Intelligenz für

Unternehmen zur Notwendigkeit, um wettbewerbsfähig zu bleiben und auch den gesteigerten Ansprüchen der mobilen Kunden gerecht zu werden (vgl. Bitkom 2017).

Die angesprochenen, algorithmusbasierten Werbemaßnahmen lassen sich unter dem Begriff Programmatic Marketing zusammenfassen (vgl. t3n 2018). Dieses Konzept wird im folgenden Kapitel 3.4.1 näher betrachtet.

3.4.1 Programmatic Marketing

Der Begriff Programmatic Marketing umfasst alle Werbemaßnahmen, deren Umsetzung, Steuerung und Ausführung auf Algorithmen und automatisierten Regeln basieren (vgl. Ryte 2015). Fälschlicherweise wird der Begriff Programmatic Marketing häufig synonym mit dem Begriff Programmatic Advertising verwendet, wobei das Advertising nur einen Teilbereich des Programmatic Marketings darstellt (vgl. t3n 2018).

Nach ausführlicher Recherche des Autors dieser Arbeit über den Begriff Programmatic Marketing, muss jedoch betont werden, dass sich der Begriff noch nicht komplett etabliert hat und weitere Begrifflichkeiten zu finden sind, die die angesprochenen algorithmusbasierten Marketing-Maßnahmen repräsentieren sollen. So spricht Peter Gentsch in seinem Buch beispielsweise von Algorithmic Marketing in diesem Zusammenhang (vgl. Gentsch 2018: 63). Da der Großteil der Digitalbranche aber von Programmatic Marketing spricht, wird der Begriff auch in dieser Arbeit als <u>Überbegriff für alle algorithmusbasierten Marketing-Maßnahmen</u> verwendet.

Programmatic Marketing findet seinen Ursprung bereits im Jahr 2009, als mit der Einführung des Real Time Bidding erstmals Computer den Einkauf von Werbeplätzen übernahmen (vgl. Ryte 2015). Aufgrund der Entwicklung weiterer algorithmusbasierter Marketing-Anwendungen wurde im Jahr 2012 der Begriff Programmatic Marketing als Überbegriff eingeführt (vgl. ebd.). Die Abbildung 6 bildet einen beispielhaften Prozess des Programmatic Marketings ab.

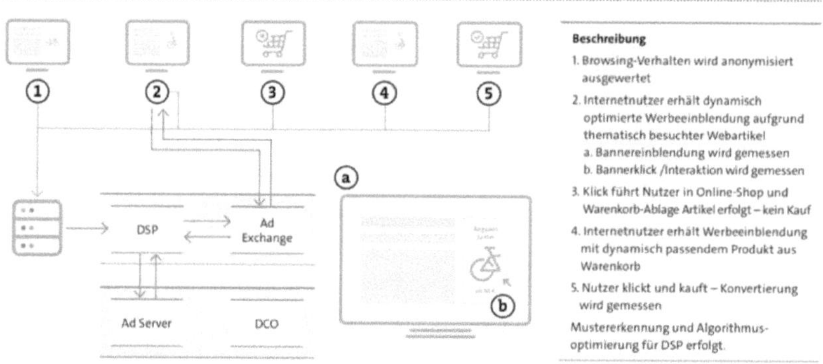

Abbildung 6: Übersicht Programmatic Marketing
(Quelle: Bitkom 2017)

Einzelne Anwendungen des Programmatic Marketings werden mittlerweile für die Auslieferung von Werbeinhalten in Echtzeit, die Erstellung individueller Werbeangebote, Produktvorschläge für Kunden auf Basis der letzten Suchanfragen und für den zielgruppengerechten Versand von E-Mails genutzt (vgl. t3n 2018). Wie an dieser Auflistung zu erkennen ist, fallen auch die in Kapitel 3.3 angeführten Maßnahmen von Zalando unter den Begriff Programmatic Marketing, da diese durch Algorithmen optimiert und gesteuert werden können.

Der Einsatz Künstlicher Intelligenz im digitalen Marketing bietet also die Chance, zielgerichtete und personalisierte Kampagnen zu realisieren, welche die Kunden im richtigen Moment erreichen und ein hohes Innovationspotenzial bieten (vgl. Garff 2018). Wie genau das Zusammenspiel von Daten und Technologie im Marketing angewendet wird, lässt sich an folgenden Beispielen verdeutlichen. Die Auflistung beinhaltet nur einige Anwendungsszenarien von KI im Marketing und erhebt keinen Anspruch auf Vollständigkeit. Da konkrete Einsatzbeispiele zu den unterschiedlichen Methoden noch sehr selten zu finden sind, basieren die Informationen zu den folgenden Szenarien oftmals auf nur einer Quelle.

3.4.1.1 Inferenz

Zur gezielten Akquise von Neukunden kann die gängige KI-Methode Inferenz, auch logische Schlussfolgerung genannt, zum Einsatz kommen. Beispielsweise setzte der Lieferdienst foodora diese Methode ein, um in definierten Wachstumsmärkten nicht nur kurzfristig, sondern dauerhaft neue Nutzer zu erreichen und diese zu halten. Das Marketingteam von foodora setzte die Maßnahme um, in dem es neben einer bereits laufenden Displaykampagne zusätzliches Budget investierte, um in den definierten Märkten sehr kurzfristig die Reichweite auszubauen und neue Kunden zu akquirieren. Mit Hilfe eines KI-basierten Look-Alike-Modeling sowie den Daten der konvertierenden Nutzer in den ausgewählten Märkten, konnte das Unternehmen User ausmachen, die nicht Teil der vorhandenen Kernzielgruppe waren. In wenigen Tagen konnte der Lieferdienst durch diese Methode über 3,7 Millionen relevante Neukunden gewinnen und halten. Auch nach dem, durch das Extrabudget provozierten, Kampagnen-Boost konnte das Unternehmen einen Anstieg der täglichen Conversions um 69 Prozent verzeichnen. (Vgl. Helm 2018)

3.4.1.2 Klassifizierung

Die KI-Technologie macht es möglich, Webseiten und Inhalte zu klassifizieren und kann dadurch beim Ausspielen von Werbeinhalten selbständig lernen, welcher Content auf welcher Website ausgespielt werden soll. Auf Basis des Erlernten und der vorhandenen Daten kann die Technologie beurteilen, ob der Kontext der Website passend und relevant für den erstellten Content ist. Ist dies nicht der Fall, unterbindet die Technologie die Auslieferung auf dieser Website. Großer Vorteil der Klassifizierung ist, dass Inhalte dadurch individuell auf den jeweiligen Nutzer angepasst werden können und ein ununterbrochenes A-B Testing stattfindet. (Vgl. Garff 2018)

3.4.1.3 Moment Marketing

Wenn Unternehmen potenzielle Kunden im kontextuell passenden Moment mit der richtigen Message ansprechen möchten, kann dieses mit KI und Algorithmen gesteuert werden. Durch die Kombination verschiedener Quellen wie dem Wetter, der Lokation, der Verkehrssituation etc. kann der Kommunikationstext passend zu den jeweiligen Szenarien gestaltet und ausgespielt werden. Dies hat den Vorteil, dass Werbetreibende eine starke Reduktion von Streuverlusten verzeichnen und nur User kontaktieren, die tatsächlich an den Produkten und Dienstleistungen zu diesem Zeitpunkt interessiert sind. (Vgl. Bitkom 2017)

3.4.1.4 Content Creation

Die Umfrage "State of Creativity in Business 2017" von Adobe hat ergeben, dass bereits 40 Prozent der Kreativen die Möglichkeiten von Künstlicher Intelligenz nutzen, um Fotos oder Designs nachzubearbeiten. Mit der von Adobe entwickelten KI-Software „Sensei" lassen sich Assets effizient und einfach suchen und innerhalb von Minuten können mit Hilfe der KI-Technologie punktgenau personalisierte Inhalte erstellt werden. (Vgl. Adobe 2018)

3.4.1.5 Verhaltensbasierte Vorhersagen

Mit Hilfe von Künstlicher Intelligenz können Vorhersagen über das Verhalten von Kunden getroffen werden. Diese Technologie kommt zum Beispiel bei Amazon oder dem Streaming-Anbieter Netflix verstärkt zum Einsatz (vgl. Lebowitz 2017). Um Inhalte für Nutzer zu personalisieren und passende Vorschläge zu machen, arbeiten alleine bei Netflix etwa 800 Mitarbeiter an den nötigen Algorithmen (vgl. Gentsch 2018: 69).

3.4.1.6 Mustererkennung

Insights zu Zielgruppen können durch KI basierte Mustererkennung erzeugt werden. Die britische Hotelkette Jurys Inn hatte zum Beispiel, durch eine Messung des Nutzungsverhaltens der User auf ihrer Website, herausgefunden, dass es vermehrt einen Zusammenhang zwischen einer Conversion auf der eigenen Seite und einem sportbezogenen Thema gab. Diese Erkenntnis gewannen sie anhand der Mustererkennung im Onlineverhalten der konvertierenden Nutzer, da diese neben demografischen Merkmalen auch Informationen zu den Interessen der Zielgruppe lieferte. Aufgrund dieser Insights erstellte die Hotelkette eine passende Sportseite und konnte durch diese Aktion die eigenen Conversions deutlich steigern. (Vgl. Helm 2018)

3.4.2 Praxisbeispiele

Nachdem im Kapitel 3.4.1 auf die einzelnen Varianten des Programmatic Marketings eingegangen wurde, beschäftigt sich dieser Absatz mit konkreten Praxisbeispielen verschiedener Unternehmen im Bereich Marketing. Auch an diesen Beispielen lässt sich erkennen, wie KI die Arbeitswelt – in diesem Fall im Marketing – deutlich verändert.

3.4.2.1 Articoolo

Articoolo ist ein Startup aus New York, das einen Algorithmus entwickelt hat, der Textinhalte generiert. Innerhalb weniger Minuten können sich Nutzer einen Text zu einem beliebigen Thema generieren lassen. Alles was der Algorithmus dafür benötigt, sind 3-5 Stichpunkte und die Information, wie lange der Text sein soll. Laut Articoolo ist der Text nicht nur – passend für Marketing-Kampagnen – suchmaschinenoptimiert, sondern auch einzigartig und vorlektoriert. (Vgl. Articoolo o.J.)

3.4.2.2 Reactful

Um unentschlossene Kunden auf einer Website oder einem Internet-Shop zu einem Kauf zu animieren, wertet das E-Commerce-Tool "reactful" Mausbewegungen und Klickverhalten potenzieller Kunden mit Hilfe Künstlicher Intelligenz aus. Sobald die Software erkennt, dass der User kurz davor ist, die entsprechende Seite ohne die vom Betreiber gewünschte Aktion zu verlassen, löst das Tool minimale, für den Nutzer kaum bemerkbare, Veränderungen auf der Seite aus. Beispielsweise wird eine Anzeige verändert oder ein Button bewegt sich. Dadurch soll die Aufmerksamkeit des Users zurückgewonnen werden. Das Tool lernt aufgrund der hinterlegten KI-Technologie bei jedem neuen Versuch dazu und entscheidet sich für die jeweils beste Variante. (Vgl. Reactful o.J.)

3.4.2.3 Posterscope

Posterscope ist eine Agentur, die einen auf Künstlicher Intelligenz basierenden Scheduling-Service für Out-of-home-Kampagnen erfunden hat. Durch den Service ist es möglich, verschiedene Anzeigen auf digitalen Werbetafeln stündlich zu optimieren. Dabei vergleicht ein genetischer Algorithmus Daten von Millionen von Standorten und bestimmt dadurch die optimale Auslieferung der Anzeige für bestimmte Zielgruppen. Die Bank Santander war der erste Kunde, der den Service von Posterscope in Anspruch genommen hat. (Vgl. Tan 2017)

3.4.3 Potenzial und Gefahren

Die im Absatz 3.4.1 und 3.4.2 vorgestellten Beispiele und Möglichkeiten, die mit Künstlicher Intelligenz im Marketing umgesetzt werden, verdeutlichen, dass durch Programmatic Marketing Nachrichten in Zukunft optimal auf die jeweilige Zielgruppe abgestimmt und hochgradig personalisiert werden können. Aufgrund dieser Entwicklung wird Marketing weniger als Störfaktor, sondern als Mehrwert erlebbar (vgl. Bitkom 2017).

Allerdings lauern mit den technischen Möglichkeiten auch neue Gefahren, auf die Unternehmen vorbereitet sein sollten. So bekam die Firma Coca Cola im Jahr 2015 beispielsweise die Grenzen des algorithmischen Marketings aufgezeigt, als deren Twitter-Kampagne gewollt negativ beeinflusst wurde. Das Unternehmen unterhielt einen, durch Algorithmen gesteuerten Twitter-Account, der negative Tweets in freundliche ASCII-Bilder verwandelte, wenn diese mit dem Hashtag #MakeIt-Happy versehen wurden. Das Magazin "Gauker" erstellte daraufhin einen Twitter-Bot, der Passagen aus Hitlers „Mein Kampf" mit dem Hashtag versah. Der Twitter-

Account von Coca Cola wandelte auch diese Zeilen in lustige Bilder von Hunden und Palmen um. (Vgl. O'Reilly 2015)

Dieses Negativbeispiel zeigt, dass durch die Einführung von Algorithmen im Marketing nicht nur Vorteile entstehen. Genutzte Algorithmen müssen verstanden und bedacht eingesetzt werden, beaufsichtigt und kontrolliert werden sowie perfekt auf das jeweilige Anwendungsszenario abgestimmt sein.

Das so genannte Overkill Marketing ist ein weiterer Aspekt, den man als Marketer bedenken sollte, da dieser negative Auswirkungen auf den gewünschten Effekt haben könnte. Beim Overkill Marketing entstehen beim Kunden immer größere Bedenken bezüglich der Privatsphäre, da er zu viel personalisierte Werbung sieht und dieser zudem sehr tiefe Einsichten in private Informationen zugrunde liegen. Da das Unternehmen mehr über den Kunden weiß als umgekehrt, entsteht hier ein Ungleichgewicht in der Informationsverteilung, was potentielle Kunden abschrecken könnte. (Vgl. Gentsch 2018: 70)

Einig sind sich die Experten aber darüber, dass sich Unternehmen mit dem korrekten und bedachten Einsatz von Künstlicher Intelligenz im Marketing erhebliche Vorteile verschaffen können.

So schreibt der Bundesverband Informationswirtschaft, Telekommunikation und neue Medien e. V. als Kernaussage in seiner Studie zum Thema Künstlicher Intelligenz im Marketing: „Der Einsatz von Algorithmen und KI wird für Unternehmen zum entscheidenden Faktor im weltweiten Wettbewerb um die Aufmerksamkeit und die Interaktionsmöglichkeiten mit Konsumenten sowie zur Stärkung und Stabilisierung der Kundenbeziehung." (Bitkom 2017)

Auch Peter Gentsch zieht im Kapitel „Der richtige Einsatz von Algorithmen im Marketing" (vgl. Gentsch 2018: 70-71) seines Besuches ein sehr positives Fazit, schlägt zur Fehlervermeidung und dem Missbrauch von Algorithmen im Marketing aber eine Kombination zwischen Algorithmen und echter menschlicher Interaktion (vgl. Gentsch 2018: 71) vor.

4 Makroökonomische Effekte Künstlicher Intelligenz

4.1 Ökonomische Effekte

Zum aktuellen Zeitpunkt der KI-Entwicklung und des momentan noch recht sparsamen Einsatzes der Technologie, gibt es lediglich Spekulationen und vage Vorhersagen, welche Makroökonomischen Effekte durch KI in den nächsten Jahren zu erwarten sein werden. Um zu sehen, wie Künstliche Intelligenz die Arbeitswelt verändert, ist der Blick auf Makroökonomische Effekte aber unerlässlich. Zwei der größten Wirtschaftsprüfungsgesellschaften der Welt, EY und PwC, haben Studien zu dem Thema „Auswirkungen der Künstlichen Intelligenz auf die Wirtschaft" veröffentlicht. Aufgrund deren Expertise, Marktkenntnis und der Aktualität der Studien, wird in diesem Abschnitt hauptsächlich auf diese Studien eingegangen, ergänzt um einen ausführlichen Bericht von Dr. Guido Zimmermann, Senior Economist bei der Landesbank Baden-Württemberg. Zwar finden sich noch andere Studien und Hochrechnungen über die Effekte von KI, jedoch stammen diese aus unqualifizierteren Quellen oder es wurde die Vorgehensweise der Ermittlung nicht offengelegt.

Die folgenden Makroökonomischen Effekte sind trotzdem mit Vorsicht zu genießen und kritisch zu betrachten.

4.1.1 BIP-Wachstum durch KI

Die Wirtschaftsprüfungsgesellschaft PricewaterhouseCoopers (PwC) veröffentlichte im Jahr 2018 zwei Studien zum Thema Künstliche Intelligenz. Zum einen die Studie „Auswirkungen der Nutzung Künstlicher Intelligenz in Deutschland" (vgl. PwC 2018a), zum anderen die Studie "Sizing the prize. What's the real value of AI for your business and how can you capitalise?" (vgl. PwC 2018b). In der Studie über die Auswirkungen auf die deutsche Wirtschaft prognostiziert das Unternehmen, dass das deutsche Bruttoinlandsprodukt (BIP) im Jahr 2030 aufgrund des Einsatzes von KI bis zu 11,3 Prozent höher ausfallen könnte. Dies würde einem Plus von 430 Milliarden Euro entsprechen. Aufgeteilt werden die prognostizierten 11,3 Prozent Zuwachs auf alle Branchen der deutschen Volkwirtschaft, siehe Abbildung 7. (Vgl. PwC 2018a)

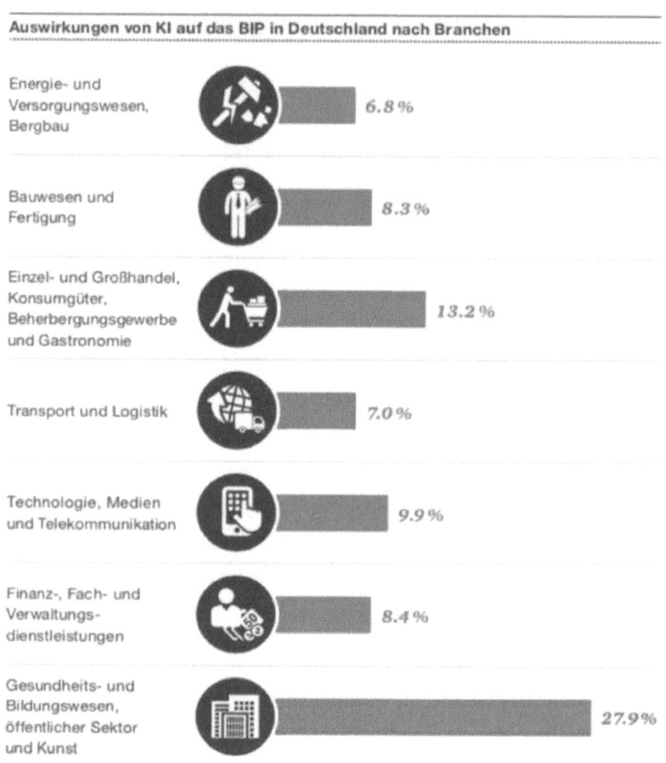

Abbildung 7: Auswirkungen von KI auf das BIP bis 2030
(Quelle: PwC 2018a)

Mit einem BIP-Wachstum von 13 und 28 Prozent erzielen die beschäftigungsinten-siven Branchen wie der Einzel- und Großhandel sowie die Gesundheits- und Bildungswesen die höchsten Gewinne. Diese ergeben sich aufgrund der großen Kundennähe der Dienstleistungen durch verbrauchsseitige Weiterentwicklungen. Das starke Wachstum im Bereich Gesundheits- und Bildungswesen, öffentlicher Sektor und Kunst liegt hauptsächlich an dem Bereich Gesundheitswesen. Durch frühe, hohe Investitionen und einem starken gesellschaftlichen Interesse, wird Deutschland hier eine Spitzenrolle einnehmen. Wie der Studie zu entnehmen ist, beschränken sich die Auswirkungen von KI nicht nur auf die Branchen, die KI entwickeln, sondern verteilen sich auf alle Branchen, in der die Technologie genutzt wird. Ganz egal ob zur Automatisierung, zur Optimierung von Prozessen oder durch Bereitstellung neuer Produkte. (Vgl. PwC 2018a)

Das globale BIP wird, laut PwC-Studie, bis zum Jahr 2030 um 14 Prozent höher ausfallen, was einem Plus von 15,7 Billionen US-Dollar entspricht. Die größten Zuwächse wird es in China mit 26 Prozent BIP-Wachstum bis 2030 geben, gefolgt von Nordamerika mit 14,5 Prozent Wachstum. Der Zuwachs in Entwicklungsländern wird aufgrund des geringen Einsatzes von KI dagegen auf unter 6 Prozent vorhergesagt. (Vgl. PwC 2018b)

Eine weitere Studie zu diesem Thema veröffentlichte die Wirtschaftsprüfungsgesellschaft Ernst & Young (EY). Ein Review aus verschiedenen Quellen ergibt eine enorme Bandbreite der durch KI induzierte Produktivitätssteigerungen von 1,1 bis über 8 Prozent pro Jahr (siehe Abbildung 8).

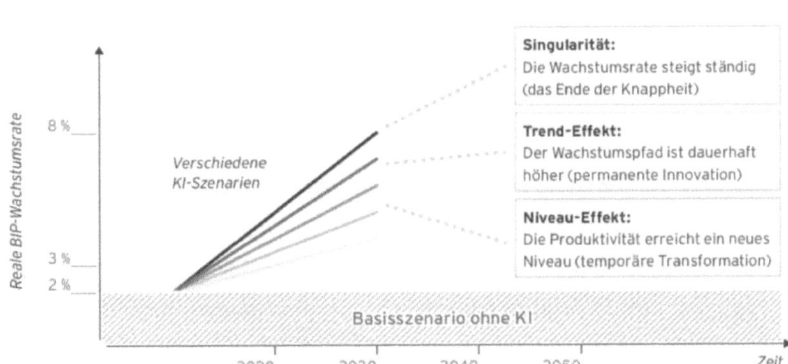

Abbildung 8: Projektion der KI-Impacts bis 2030
(Quelle: EY 2018)

Die hohe Schwankungsbreite der einzelnen Modelle ergibt sich aus unterschiedlichen Annahmen über den Wirkungsgrad von KI. Die an der unteren Bandbreite rangierenden Modelle sehen in der KI eine effizientere Form der momentanen Arbeitseinrichtung, die oberen Modelle rechnen mit einem grundlegenden Strukturbruch hin zur Etablierung disruptiver Geschäftsmodelle mit neuen Produkten. (Vgl. EY 2018)

4.1.2 Höhere Produktivität und dadurch höhere Reallöhne

Die PwC-Experten sehen besonders die wachsende Arbeitsproduktivität, die durch den Einsatz von KI ermöglicht wird, als ausschlaggebenden Faktor, der etwa die Hälfte aller wirtschaftlichen Zuwächse generieren wird (vgl. PwC 2018b). Auch

Zimmermann unterstützt diese Sichtweise und sagt, dass KI-Technologien langfristig zu einer höheren Arbeitsproduktivität führen und im Zuge dessen zu höheren Reallöhnen. Verglichen mit den Effekten technischen Fortschritts in der Vergangenheit, wie etwa der 1. Industriellen Revolution, verliefen auch dort die Übergangsphasen gesamtwirtschaftlich sehr sprunghaft, langfristig stiegen die Reallöhne aber. (Vgl. Zimmermann 2017)

Die Wirtschaftsprüfungsgesellschaft EY sieht die ökonomische Relevanz von KI darin, dass durch die Technik Bedürfnisse besser verstanden werden können, die Prozesse, um diese Bedürfnisse zu erfüllen, können durch KI optimiert und miteinander verknüpft werden, dabei kann zusätzlich der Ressourcen-Mix zur Abwicklung dieser Prozesse optimiert werden und bei all diesen Schritten können jeweils neue Muster erkannt werden, die wiederum produktiv eingesetzt werden können. (Vgl. EY 2018)

Weitere BIP-Zuwächse werden aus Produktverbesserungen und Verschiebungen bei Verbrauchernachfragen und -verhalten in Zusammenhang mit KI hervorgehen. (Vgl. PwC 2018b)

4.1.3 Starke Veränderung der Geschäftsmodelle der Unternehmen

Unternehmensstrukturen werden virtueller und die Bedeutung von Plattformen für Unternehmen werden bei der Produktion und im Vertrieb zunehmen, Durch Big Data, KI, digitalen Plattformen und der Blockchain können Kosten zunehmend gesenkt werden und Unternehmen dadurch in kleinere Einheiten aufgebrochen werden. (Vgl. Zimmermann 2017)

EY ist überzeugt davon, dass sich industrielle Wertschöpfungsketten in eine digitale Plattformarchitektur transformieren. Die Fähigkeit zur Exekution des datenbasierten Wissens (Know-what) wird Grundlage des Ordnungsprinzips sein, nicht mehr wie gewohnt die Effizienz der spezialisierten und standardisierten Produktion (Know-how). Dies unterstützt die Prognose Zimmermanns, dass sich spezialisierte und abgeschlossene Produktionseinheiten in hybride und offene Kollaborationen wandeln. KI spielt besonders an den Schnittstellen der Wertschöpfungsketten, also an den Übergängen zwischen Kompetenzen, eine ausschlaggebende Rolle und ermöglicht eine vertikale Integration. Dies wird zudem zwischen den Branchen vernetzende Innovationen erzeugen. (Vgl. EY 2018)

4.1.4 Reaktionen auf KI

Ab dem Jahr 2012 lassen sich erhebliche Investitionsanstiege an Finanzmitteln in KI-Startups beobachten. Zwischen den Jahren 2011 und 2017 hat sich das Investitionskapital in KI-basierte Startups um den Faktor 50 auf mehr als 15 Milliarden US-Dollar erhöht (vgl. CB Insights 2018). Hauptverantwortlich für diesen Anstieg ist der Beschluss der chinesischen Staatsführung, die sich zum Ziel genommen hat, bis zum Jahr 2025 zu einer der führenden KI-Nationen aufzusteigen (vgl. Buxmann/Schmidt 2018: 21). Im Zuge dieser Neuorientierung erhöhte die chinesische Staatsführung die investierte Summe von 500 Millionen US-Dollar auf sieben Milliarden US-Dollar (vgl. CB Insights 2018).

Auch die deutsche Bundesregierung reagiert auf die Entwicklung Künstlicher Intelligenz, indem sie einen „Masterplan für Künstliche Intelligenz auf nationaler Ebene" beschlossen hat (vgl. BMBF 2018).

Die Priorität von Google, welche zwischen den Jahren 2010 und 2017 auf dem Motto "Mobile First" lag, hat sich ab dem Jahr 2017 zu "AI first" geändert (vgl. Capgemini 2017). Dies zeigt, wie hoch der Stellenwert Künstlicher Intelligenz für Unternehmen ist und, dass die Top-Player bereits Strategien entwickeln, um auf die bevorstehenden Änderungen vorbereitet zu sein, beziehungsweise diese aktiv zu gestalten.

4.2 Auswirkungen auf den Arbeitsmarkt

Bereits ohne KI-basierte Algorithmen machen es die Effekte der Automatisierung schon heute möglich, dass nur noch 1,4 Prozent der in Deutschland Erwerbstätigen im Primärsektor (Fischerei, Land- und Forstwirtschaft) beschäftigt sind. Im Vergleich dazu lag der Anteil im Jahr 1950 noch bei 25 Prozent. Ähnliche Entwicklungen lassen sich im produzierenden Gewerbe feststellen: Im Jahr 1950 lag der Anteil der Beschäftigten im produzierenden Gewerbe noch bei 43 Prozent, im Jahr 2017 nur noch bei 24 Prozent. (Vgl. DESTATIS 2018)

Buxmann und Schmidt wagen in ihrem Buch die Prognose, dass Künstliche Intelligenz auch die Automatisierung des produzierenden Gewerbes in den kommenden Jahrzenten gegen Null senken wird. Dadurch steigt die Produktivität der wenigen, noch in dieser Branche tätigen Menschen unverhältnismäßig stark an. Die Erwerbstätigkeit der restlichen Beschäftigten wird sich auf den Tertiärsektor verlagern, im dem schon heute 75 Prozent aller Arbeitnehmer tätig sind. Buxmann und Schmidt stellen die These auf, dass durch die Produktivitätssprünge künftig deutlich weniger gearbeitet werden muss, trotzdem aber ein steigender Output erwirtschaftet wird. (Vgl. Buxmann/Schmidt 2018: 30)

Beschäftigt man sich intensiv mit dem Thema Künstliche Intelligenz in der Arbeitswelt fällt auf, dass aus wirtschaftlicher Sicht die positiven Effekte und Potenziale dieser Entwicklung wahrgenommen und größtenteils befürwortet werden. Da sich auch diese Arbeit mit Künstlicher Intelligenz in Bezug auf die Arbeitswelt beschäftigt, wurden auch hier hauptsächlich die positiven Aspekte beleuchtet, da KI unbestritten die Arbeit voranbringt, wenn auch verändert. Ein Aspekt, der dabei aber nicht vergessen werden darf, sind die Auswirkungen auf den Arbeitsmarkt und was mit den Stellen passiert, die eventuell durch KI ersetzt werden – wie es bei Zalando im Marketing jüngst der Fall war.

4.2.1 Nicht unbedingt weniger Stellen, aber starke Veränderung der Berufsbilder

Zimmermann schreibt in der Studie der Landesbank Baden-Württemberg über die Makroökonomischen Effekte Künstlicher Intelligenz, dass Stellen sicher verloren gehen werden, es aber noch nicht abschätzbar ist, wie viele neue Stellen durch KI geschaffen werden (vgl. Zimmermann 2017).

Bitkom ist der Überzeugung, dass eher Tätigkeitsfelder ersetzt werden als Berufe insgesamt (vgl. Bitkom 2017).

Eine entscheidende Frage bei dieser Debatte wird sein, ob Algorithmen in Zukunft auch kognitive Routinetätigkeiten übernehmen und somit nicht nur Jobs mit niedrigem Qualifikationsniveau freisetzen. Frey und Osborne haben in ihrer Studie "The Future of Employment" errechnet, dass Künstliche Intelligenz in großem Stil auch hochqualifizierte Arbeitsplätze wie die von Ärzten, Aktienhändlern oder Anwälten gefährden wird (vgl. Frey/Osborne 2013). Andere Experten wie die MIT-Forscher David Autor und Anna Salomons kommen zu dem Ergebnis, dass der Einsatz Künstlicher Intelligenz zu den erhofften Produktivitätssprüngen führen wird, daraus resultiert ein höheres Wirtschaftswachstum und am Ende wird dieses Wachstum zu mehr Beschäftigung führen (vgl. Autor/Salomons 2017).

4.2.2 Höhere Arbeitslosigkeit geringqualifizierter Arbeit

Wenn es darum geht, Routineaufgaben zu erledigen, graduell daraus zu lernen und komplexere Tätigkeiten anzutrainieren, ist KI besonders effektiv (vgl. Bitkom 2017). Dies ist zum momentanen Zeitpunkt für Arbeiter, die Routinetätigkeiten ausführen, besonders entscheidend, da sich die Kosten von Robotern und Arbeit angleichen (vgl. Zimmermann 2017). Zimmermann schreibt aber auch, dass sich die gegenwärtige Polarisierung des Arbeitsmarktes (Jobs mit mittlerer Qualifikation gehen verloren, Jobs mit hoher Qualifikation gewinnen an Zuwachs) durch die "smarter" werdenden Roboter langsam wieder auflösen wird, sobald Roboter nicht mehr nur Routinetätigkeiten übernehmen (vgl. ebd.).

Zu beachten bleibt aber, dass die Auswirkungen der Künstlichen Intelligenz auf die Zahl der Arbeitsplätze meist nur verkürzt als Substitution menschlicher Arbeit durch maschinelle Arbeit gesehen wird. Eine gewisse Substitution wird beim Einsatz von KI definitiv erfolgen, so fahren in etlichen Lagerhallen bereits intelligente Roboter durch die Gänge und erhöhen die Produktivität für das jeweilige Unternehmen. Ob diese Entwicklung aber auf lange Sicht auch zu weniger Lagermitarbeitern führt, lässt sich pauschal nicht beantworten, da die Unternehmen aufgrund der steigenden Produktivität auch wieder neue Lagermitarbeiter einstellen. Dadurch sind die ökonomischen Implikationen der KI auf den Arbeitsmarkt weit komplexer als ein simpler Ersatz des Menschen durch die Maschine. (Vgl. Buxmann/Schmidt 2018: 32)

Auch die ehemaligen Angestellten bei Zalando, die durch Künstliche Intelligenz im Marketing ersetzt wurden, werden vermutlich relativ schnell wieder ein neues Angebot eines Wettbewerbers bekommen haben. So buhlte Lidl Digital bereits einige Tage nach der "Me.Unemployed." Kampagne der gekündigten Zalando-Marketer um deren Aufmerksamkeit. Mit einem LinkedIn-Post und einem Poster mit dem Slogan "Me.Welcome." machte das Unternehmen auf sich aufmerksam und sprach gezielt das entlassene Marketing-Team von Zalando an, um diese zu Lidl nach Berlin oder Neckarsulm zu holen. (Vgl. Gründerszene 2018)

Abschließend bleibt hier zu sagen, dass Algorithmen und KI zweifellos dazu führen werden, dass etliche Tätigkeiten auf lange Sicht keinen Platz mehr auf dem Arbeitsmarkt finden werden. Außerdem werden sich die noch vorhandenen Tätigkeitsfelder und Berufe insgesamt stark verändern. In welchem Zeitraum dies passiert und in welchem Ausmaß, kann man aufgrund der unterschiedlichen Prognosen nicht festmachen und auch die technische Entwicklung der kommenden Jahre wird dies erst noch zeigen. Absehbare Tendenzen gibt es jedoch, zum einen werden Routinetätigkeiten immer mehr durch KI ersetzt werden, aber auch Berufsgruppen mit sogenannten Wissensarbeitern, wie zum Beispiel Sachbearbeiter oder Wirtschaftsprüfer, stehen aktuell sehr im Fokus (vgl. Bitkom 2017).

4.3 Herausforderungen und offene Fragen

Schaut man sich die Makroökonomischen Effekte Künstlicher Intelligenz an, wird klar, dass Künstliche Intelligenz weite Teile unserer Arbeitswelt verändern kann und wird. Im alltäglichen Leben bemerkt man oft gar nicht, wo oder wie Künstliche Intelligenz eingesetzt wird, in der Arbeitswelt hingegen könnte Künstliche Intelligenz aber eine zentrale Bedeutung wie die Dampfmaschine oder die Elektrizität in früheren industriellen Revolutionen erlangen (vgl. Buxmann/Schmidt 2018: 189). Der aktuelle Stand der KI-Forschung ist noch relativ jung, Fakt ist aber, dass die Menge nutzbarer Daten und die Rechenleistung in den kommenden Jahren weiter schnell wachsen werden, dadurch unterliegt die Künstliche Intelligenz in absehbarer Zukunft keiner erkennbaren Wachstumsgrenze (vgl. ebd.). Bereits im Sommer 2017 haben mehr als 100 Technologieunternehmen, die mit Künstlicher Intelligenz arbeiten, in einem Brief an die Vereinten Nationen vor der Entwicklung autonomer Waffen gewarnt (vgl. Gibbs 2017). Dies verdeutlicht die enormen Möglichkeiten, aber auch Gefahren, die diese Technologie mit sich bringt.

Da diese Arbeit den Fokus auf Künstliche Intelligenz in der Arbeitswelt legt und aufgrund des begrenzten Umfangs, wird hier nicht weiter auf gesellschaftliche oder ethische Aspekte in Bezug auf KI eingegangen, sondern lediglich die für die Arbeitswelt relevanten Aspekte angeführt.

> Hürtz schreibt in der Süddeutschen Zeitung zu diesem Thema, dass die größte Gefahr Deutschlands hinsichtlich KI ist, dass wir vor lauter Angst und falschen Vorstellungen die wichtigste Entwicklung unserer Zeit an uns vorbeilaufen lassen. Wichtig ist in diesen Tagen, gewaltige Anstrengungen bei Aus- und Weiterbildungen zu unternehmen und eine groß gedachte Förderstrategie für Wissenschaft und Wirtschaft umzusetzen. (Vgl. Hürtz 2018)

Auch Unternehmen müssen dazu beitragen, dass entwickelte Künstliche Intelligenzen Sicherheit und Vertrauen gewährleisten. Ein gutes Beispiel hierfür liefert Microsoft, die für sich selbst eine Reihe von Design-Prinzipien im Umgang mit KI festgelegt haben: (Vgl. Gürtel 2018: 99)

- KI muss transparent sein

- KI muss Effizienz steigern, ohne die Würde des Menschen zu verletzen

- KI muss intelligenten, umfassenden Datenschutz und -sicherheit gewährleisten

- KI-Algorithmen müssen nachvollziehbar und überprüfbar sein

- KI-Technologien dürfen keine Vorurteile und Verzerrungen abbilden

- KI soll menschliche Fähigkeiten unterstützen, nicht ersetzen

Eine der entscheidenden regulatorischen und wettbewerbsrechtlichen Fragen der nächsten Zeit ergibt sich aus dem Umgang mit Daten. Mit Punkten wie Datenschutz und Datensicherheit sowie steuerlichen Aspekten und der Frage, wo Wertschöpfung entsteht und wie diese sinnvoll gemessen werden kann, stehen bereits heute konkrete Themen auf der politischen KI-Agenda (vgl. EY 2018). Diese Fragen gilt es zu beantworten und einheitliche Richtlinien zu definieren, um einer erfolgreichen Entwicklung Künstlicher Intelligenz nicht im Wege zu stehen.

Weitere noch offene Fragen: (Vgl. Zimmermann 2017)

- Wie werden Fragen des Datenschutzes und der Sicherheit geklärt, wenn Gegenstände im privaten Haushalt miteinander und mit der externen Welt kommunizieren?

- Stellen „denkende" Maschinen zukünftig eigenständige rechtliche Personen dar? Frage der Haftung und der Verantwortung.

- Wie kann sichergestellt und überprüft werden, dass ein KI-Prozess nicht extern manipuliert werden kann?

- Wie wird das häufig angesprochene Problem der möglichen Singularität geregelt? Wie kann verhindert werden, dass Maschinen selbst wieder Maschinen erschaffen?

Der Bundesverband Informationswissenschaft, Telekommunikation und neue Medien e.V. fordert in seinem ausführlichen Positionspapier die Bundesministerien, die Entscheidungsträger der Wirtschaft und Politik, Wissenschaftler und die breite Öffentlichkeit dazu auf, konkrete Schritte hinsichtlich dem Umgang und der Implikation von Künstlicher Intelligenz in Deutschland zu unternehmen:

Das vorhandene KI-Potenzial muss mobilisiert werden, die Gesellschaft auf organisationale Veränderungen durch KI vorbereitet werden, es muss ein Investitionsschub in Wissenschaft, Bildung und Startups herbeigeführt werden, der Erwerb digitaler Kompetenzen muss vertieft werden, Qualitätssicherung bei KI-gestützten Entscheidungen muss sichergestellt werden, es muss eine Verständigung über ethische Standards erzielt werden, der Datenschutz muss weiterentwickelt werden, sowie politische Rahmenbedingungen für intelligente Technologien geschaffen werden. (Vgl. Bitkom 2017)

Die Industrialisierung vor 150 Jahren war geprägt von Entwicklungen wichtiger Institutionen wie dem Aufbau von Sozialversicherungssystemen, der Durchsetzung von Kartellrecht oder der Gründung von Gewerkschaften. Auch KI wird keinen gewöhnlichen technischen Fortschritt, sondern eine technologische Revolution darstellen, die die Ordnungsprinzipien unseres Wirtschaftssystems verändert. Daher ist es wichtig, bereits heute einen regulatorischen Rahmen zu entwickeln, ohne das weitere KI-Potenzial zu beschneiden, da der Einsatz künstlicher Intelligenz ökonomisch eine große Chance ist. (Vgl. EY 2018)

Vor diesem Hintergrund ist die Entwicklung einer holistischen KI-Strategie, die Fragen der Datensouveränität, der Ethik und Regulatorik einschließt, geboten.

„Für die deutsche Wirtschaft, die wie kaum eine andere in definierte und abgegrenzte Prozesse zerlegt und somit prädestiniert für die Einführung von KI ist, wird KI zu der vielleicht entscheidenden Frage von Wohlstand und Wettbewerbsfähigkeit." (Vöpel 2018)

5 Schlussbetrachtung und Fazit

"AI is not another industrial revolution. This is a new step on the path of the universe. The last time we had a step of that significance was 3.5 billion years ago with the invention of life." (Schmidhuber 2017)

Professor Jürgen Schmidhuber gilt als einer der einflussreichsten KI-Forscher und ist bekannt für seine radikalen Prognosen bezüglich der Entwicklung und dem Potenzial Künstlicher Intelligenz (vgl. Günther 2018). Ob man die oben angeführte Einschätzung teilt, oder Künstlicher Intelligenz solch einen hohen Stellenwert „noch" nicht beimisst, bleibt jedem selbst überlassen. Unbestritten bleibt die Tatsache, dass Künstliche Intelligenz immer weiter in unseren Alltag vordringt und unsere Arbeitswelt radikal verändert.

Vereinzelte KI-Technologien sind bereits fester Bestandteil unseres Lebens, in dem wir digitale Assistenten wie Siri oder Alexa nutzen. Aber nicht nur im privaten Gebrauch, auch in Unternehmen hält die neue Technologie Einzug. Die Entlassung von 250 Marketing-Mitarbeitern beim Modehändler Zalando, deren Aufgaben künftig von KI übernommen werden, dient als gutes Beispiel dafür, wie sich komplette Branchen durch KI verändern.

Der Titel dieser Arbeitet lautet "Me.Unemployed.": Wie Künstliche Intelligenz die Arbeitswelt verändert. In Abschnitt 2 dieser Arbeit wurden die Grundlagen der Künstlichen Intelligenz erläutert sowie auf die Bedeutung Künstlicher Intelligenz für die Arbeitswelt eingegangen. Hier wurde festgestellt, dass Künstliche Intelligenz aufgrund von Big Data gerade jetzt eine ausschlaggebende Rolle für die Wirtschaft spielt. Durch die Verfügbarkeit von Big Data und dem intelligenten Auswerten der vorhandenen Daten mit KI, können Unternehmen ihren Kunden völlig neue Möglichkeiten und persönliche Erlebnisse bieten und sich somit einen Wettbewerbsvorteil gegenüber anderen Marktteilnehmern verschaffen. Zudem kann durch den gezielten Einsatz Künstlicher Intelligenz die Produktivität von Arbeit und Kapital erhöht werden. Kapitel 3 beschäftigt sich mit Künstlicher Intelligenz in der Arbeitswelt und zeigt konkrete Einsatzgebiete auf. KI-Methoden werden in allen klassischen Unternehmensbereichen, wie Handel und Logistik, Produktion und Management, eingesetzt und verändern bereits jetzt nachhaltig und radikal die Art zu arbeiten. Mit dem Einsatz des so genannten Programmatic Marketings lassen sich in der Marketing-Branche zudem neue Potenziale ausschöpfen. Werbeinhalte können in Echtzeit ausgeliefert werden, Werbeangebote individuell auf den jeweiligen Kunden erstellt und angepasst werden und es lassen sich zielgerichtete und hochpersonalisierte Kampagnen umsetzen. In Kapitel 4 verdeutlichen die Makro-ökonomischen Effekte Künstlicher Intelligenz noch einmal die Bedeutung und das Potenzial der neuen Technologie. Künstliche Intelligenz wird starke Auswirkungen auf den Arbeitsmarkt haben, Berufsbilder werden angepasst oder komplett verschwinden und Geschäftsmodelle und Strukturen werden sich grundlegend ändern. KI wird ohne jeden Zweifel eine wissenschaftliche und technologische Revolution einleiten, die die Arbeitswelt verändern und zu einer Vielzahl neuer Erkenntnisse führen wird. Das Schreckensszenario, dass durch den Einsatz von KI der Mensch vollkommen abgelöst wird, muss man aber keineswegs teilen. Er wird nur andere Aufgaben übernehmen.

Deutschland nimmt seit vielen Jahren eine führende Rolle in der KI-Forschung ein und hat einige der führenden Experten auf diesem Gebiet ausgebildet. Dadurch eröffnen sich auch für Deutschland enorme Chancen für die zukünftige Wettbewerbsfähigkeit mit KI-Technologien.

Festzuhalten bleibt aber, dass die Bedeutung von KI nicht nur eine technische und wirtschaftliche ist, auch gesellschaftliche Veränderungen werden mit der Technologie einhergehen. Wie schnell und in welchem Umfang das passiert – das wird diskutiert und ist teilweise auch gestaltbar. Wir Menschen bleiben aber sowohl im Unternehmen, wie auch in der Gesellschaft der entscheidende Akteur in diesem Veränderungsprozess und können das Ergebnis noch aktiv mitgestalten.

Wichtig ist, dass wir uns jetzt mit den Chancen und Risiken der Technologie auseinandersetzen und vor allem, dass wir Lösungen für die noch offenen Fragen kreieren, um die Zukunft mithilfe von KI nach unseren Werten zu gestalten.

Literatur- und Quellenverzeichnis

Adobe (2018): Die Magie von KI in einer Content-basierten Welt. https://www.adobe.com/de/insights/the-magic-of-AI-in-a-content-driven-world.html (Abruf 16.12.2018)

ARD (2017): Aktien mit künstlicher Intelligenz. http://boerse.ard.de/aktien/aktien-mit-ku- enstlicher-intelligenz100~print.html (Abruf 18.12.2018)

Articoolo (o.J.): How it Works. http://articoolo.com/how_it_works (Abruf 14.12.2018)

Autor, David / Salomons, Anna (2017): Does Productivity Growth Threaten Employment? https://www.ecb.europa.eu/pub/conferences/shared/pdf/20170626_ecb_forum/Autor-Salomons-Productivity-Presentation.pdf (Abruf 17.12.2018)

Bitkom (2017): Künstliche Intelligenz. Wirtschaftliche Bedeutung, gesellschaftliche Herausforderungen, menschliche Verantwortung. https://www.bitkom.org/sites/default/files/pdf/noindex/Publikationen/2017/Sonstiges/KI-Positionspapier/171012-KI-Gipfelpapier-online.pdf (Abruf 15.12.2018)

BMBF (2018): Eckpunkte der Bundesregierung für eine Strategie Künstlicher Intelligenz. https://www.bmbf.de/files/180718%20Eckpunkte_KI-Strategie%20final%20Layout.pdf (Abruf 10.12.2018)

BMWi (2017): Digitale Transformation in der Industrie. https://www.bmwi.de/Redaktion/DE/Dossier/industrie-40.html (Abruf 15.12.2018)

Bosch Online (2018): Die Geschichte der Künstlichen Intelligenz. https://www.bosch.com/de/stories/geschichte-der-kuenstlichen-intelligenz/ (Abruf 12.12.2018)

Bünte, Claudia (2018a): Künstliche Intelligenz – die Zukunft des Marketing. Ein praktischer Leitfaden für Marketing-Manager. Wiesbaden: Springer Gabler

Bünte, Claudia (2018b): Künstliche Intelligenz im Marketing. Ergebnisse Welle 1 – April 2018. https://www.dropbox.com/s/itluc2tozac394t/2018%20Studie%20Kuenstliche%20Intelligenz%20-%20%20Die%20Zukunft%20des%20Marketings.pdf?dl=0 (Abruf 13.12.2018)

Buxmann, Peter / Schmidt, Holger (2018): Künstliche Intelligenz. Mit Algorithmen zum wirtschaftlichen Erfolg. Berlin, Heidelberg: Springer Gabler

Capgemini (2017): Turning AI into concrete value: The successful implementers' toolkit. https:// www.capgemini.com/wp-content/uploads/2017/09/dti-ai-report_final1.pdf (Abruf 16.12.2018)

CB Insights (2018): Top artificial intelligence trends to watch in 2018. https://www.cbinsights.com/research/report/artificial-intelligencetrends-2018/ (Abruf 13.12.2018)

Continental (2017): Continental nimmt automatisiertes und autonomes Fahren in der Landwirtschaft stärker in den Fokus. https://www.continental-corporation.com/de/presse/pressemitteilungen/autonomes-fahren-in-derlandwirtschaft-103218 (Abruf 15.12.2018)

Deep Mind (2016): DeepMind AI reduces google data centre cooling bill by 40%. https://deepmind.com/blog/deepmind-ai-reduces-google-data-centre-cooling-bill-40/ (Abruf 23.12.2018)

DESTATIS (2018): Arbeitsmarkt. https://www.destatis.de/DE/ZahlenFakten/Indikatoren/LangeReihen/Arbeitsmarkt/lrerw013.html (Abruf 15.12.2018)

Eichhorst, Werner / Buhlmann, Florian (2015): Die Zukunft der Arbeit und der Wandel der Arbeitswelt. IZA Standpunkte, No 77. Bonn: Forschungsinstitut zur Zukunft der Arbeit

Eisert, Rebecca (2014): Gebt den Maschinen das Kommando. https://www.wiwo.de/technologie/industrie-4-0-gebt-den-maschinendas-kommando/9594706.html (Abruf 16.12.2018)

Ertel, Wolfgang (2013): Grundkurs Künstliche Intelligenz. Eine praxisorientierte Einführung. 3. Auflage. Wiesbaden: Springer Vieweg

EY (2018): Künstliche Intelligenz und die Neuordnung der Wirtschaft. https://www.ey.com/Publication/vwLUAssets/ey-think-beyond-tomorrow-edition-1/$FILE/ey-think-beyond-tomorrow-edition-1.pdf (Abruf 13.12.2018)

Fortiss (o.J.): Speedfactory. Autonomics for the sporting goods industry. https://www.fortiss.org/en/research/projects/speedfactory-1/ (Abruf 12.12.2018)

Franklin, Stan, / Graesser, Art (1997): Is It an agent, or just a program?: A taxonomy for autonomous agents. http://www.upv.es/sma/toria/agentes/is%20it%20an%20agent-franklin.pdf (Abruf 07.12.2018)

Frey, Carl Benedikt / Osborne, Michael (2013): The Future of Employment. https://www.oxfordmartin.ox.ac.uk/downloads/academic/future-of-employment.pdf (Abruf 16.12.2018)

Ganschar, Oliver / Gerlach, Stefan / Hämmerle, Moritz / Krause, Tobias / Schlund, Sebastian (2013): Produktionsarbeit der Zukunft – Industrie 4.0. http://www.mechatronik-bw.de/attachments/article/272/Fraunhofer-IAO-Studie_Produktionsarbeit_der_Zukunft_-_Industrie_4.0.pdf (Abruf 14.12.2018)

Garff, Franca (2018): 10 Anwendungsbeispiele für Künstliche Intelligenz (KI) im digitalen Marketing. https://www.wearesquared.de/blog/10-anwendungsbeispiele-fuer-kuenstliche-intelligenz-im-digitalen-marketing (Abruf 9.12.2018)

Gentsch, Peter (2018): Künstliche Intelligenz für Sales, Marketing und Service. Mit AI und Bots zu einem Algorithmus Business – Konzepte, Technologien und Best Practices. Wiesbaden: Springer Gabler

Gibbs, Samuel (2017): Elon Musk leads 116 experts calling for outright ban of killer robots. https://www.theguardian.com/technology/2017/aug/20/elon-musk-killer-robots-experts-outright-ban-lethal-autonomous-weapons-war (Abruf 18.12.2018)

Goertzel, Ben (2010): Toward a formal characterization of real-world general intelligence. http://agi-conf.org/2010/wp-content/uploads/2009/06/paper_14.pdf (Abruf 5.12.2018)

Görz, Günther / Schneeberger, Josef (2003): Handbuch der künstlichen Intelligenz. 5. Auflage. München: Oldenbourg Verlag

Green, Dennis (2018): Adidas hat eine neue Hightech-Fabrik eröffnet und will damit die Produktion von Schuhen revolutionieren. https://www.busines-sinsider.de/adidas-speedfactory-schuhe-produktion-2018-4 (Abruf 12.12.2018)

Gründerszene (2018): Lidl buhlt um Zalandos gefeuerte Marketing-Mitarbeiter. https://www.gruenderszene.de/allgemein/lidl-zalando-marketing-mitar-beiter?interstitial (Abruf 15.12.2018)

Günther, Vera (2018): "Jürgen Schmidhuber: "KI kann Männer ersetzen". https://www.horizont.net/agenturen/nachrichten/innovationstag-juer-gen-schmidhuber-ki-kann-maenner-ersetzen-169967 (Abruf 18.12.2018)

Gürtel, Oliver (2018): Künstliche Intelligenz als Weg zur wahren digitalen Transformation. In: Buxmann, Peter / Schmidt, Holger (Hg.): Künstliche Intelligenz. Mit Algorithmen zum wirtschaftlichen Erfolg. Berlin, Heidelberg: Springer Gabler, S. 95-105

Hahn, Moritz (2018): Nicht nur unser Kunde entwickelt sich stetig weiter, auch wir. https://corporate.zalando.com/de/newsroom/de/storys/nicht-nur-unser-kunde-entwickelt-sich-stetig-weiter-auch-wir (Abruf 2.12.2018)

Handelsblatt (2018): Arbeitsplatzverlust durch Algorithmen – Ex-Mitarbeiter starten Kampagne. https://www.handelsblatt.com/unternehmen/handel-konsumgueter/zalando-arbeitsplatzverlust-durch-algorithmen-ex-mitar-beiter-starten-kampagne/21073900.html?ticket=ST-577056-iicJrI9QQDfWnnjUXH1S-ap5 (Abruf 02.12.2018)

Heinen, Nicolaus / Heuer, Alexander / Schautschick, Philipp (2017): Künstliche Intelligenz und der Faktor Arbeit. https://doi.org/10.1007/s10273-017-2203- (Abruf 10.12.2018)

Helm, Volker (2018): KI im Marketing – drei Beispiele aus der Praxis. https://onlinemarketing.de/news/ki-im-marketing-drei-praxisbeispiele (Abruf 16.12.2018)

Herbrich, Ralf (2018): Künstliche Intelligenz bei Amazon. Spitzentechnologie im Dienste des Kunden. In: Buxmann, Peter / Schmidt, Holger (Hg.): Künstliche Intelligenz. Mit Algorithmen zum wirtschaftlichen Erfolg. Berlin, Heidelberg: Springer Gabler, S. 73-85

Hurtz, Simon (2018): Der Fortschritt passiert rasend schnell. https://www.su-eddeutsche.de/digital/zukunft-der-arbeit-die-revolution-hat-laengst-be-gonnen-1.4034798-2 (Abruf 17.12.2018)

Kolbrück, Olaf (2017): Wie Künstliche Intelligenz den Handel verändert - und zwar heute schon. https://etailment.de/news/stories/Kuenstliche%20in-telligenz%20handel- 20575utm_source=rss&utm_%20medium=refer-ral&utm_campaign=news&utm_term2018# (Abruf 7.12.2018)

Knapp, Peter / Wagner, Christian (2018): Künstliche Intelligenz schafft neue Geschäftsmodelle im Mittelstand. In: Buxmann, Peter / Schmidt, Holger (Hg.): Künstliche Intelligenz. Mit Algorithmen zum wirtschaftlichen Erfolg. Berlin, Heidelberg: Springer Gabler, S. 161-172

Krenski, Matthias (2018): Adidas Speedfactory erhält Geld und Innovations-preis. https://www.sazsport.de/hersteller/adidas/adidas-speedfactory-erhaelt-geld-deutschen-innovationspreis-1531409.html (Abruf 10.12.2018)

Lambrecht, Dimitri (2018): #Zalando restructures #marketing because of ex-treme automation with focus on full personalization. https://twit-ter.com/dilam77/sta-tus/973113123338145792/photo/1?ref_src=twsrc%5Etfw%7Ctwcamp%5Etweetem-bed%7Ctwerm%5E973113123338145792&ref_url=http%3A%2F%2Fmeedia.de%2F2018%2F03%2F14%2Fme-unemployed-zalando-marketer-protestieren-mit-werbeplakat-gegen-ihre-entlassung%2F (Abruf 26.11.2018)

LBBW (2017): What Is Machine Learning And Why Is It Important? A begin-ner's guide to artificial neural networks. https://medium.com/on-coding/what-is-machine-learning-and-why-is-it-important-4255000e19bc (Abruf 14.12.2018)

Lebowitz, Shana (2017): A former Google data scientist explains why Netflix knows you better than you know yourself. https://www.businessinsi-der.de/google-data-scientist-explains-netflix-algorithm-2017-5?r=US&IR=T (Abruf 13.12.2018)

Leukert, Bernd / Müller, Jürgen / Noga, Markus (2018): Das intelligente Unternehmen: Maschinelles Lernen mit SAP zielgerichtet einsetzen. In: Buxmann, Peter / Schmidt, Holger (Hg.): Künstliche Intelligenz. Mit Algorithmen zum wirtschaftlichen Erfolg. Berlin, Heidelberg: Springer Gabler, S. 51-72

März, Birgit (2017): Kann Künstliche Intelligenz Managementaufgaben übernehmen? https://blog.brainloop.com/de-de/kuenstliche-intelligenz-im-management (Abruf 12.12.2018)

Manhart, Klaus (2018): Eine kleine Geschichte der Künstlichen Intelligenz. https://www.computerwoche.de/a/eine-kleine-geschichte-der-kuenstlichen-intelligenz,3330537 (Abruf 12.12.2018)

McKinsey (2017): Smartening up with Artificial Intelligence (AI) – What`s in it for Germany and ist Industrial Sector? https://www.mckinsey.de/files/170419_mckinsey_ki_final_m.pdf (Abruf 13.12.2018)

Meedia (2018): "Me.Unemployed": Zalando-Marketer protestieren mit Werbeplakat gegen ihre Entlassung. https://meedia.de/2018/03/14/me-unemployed-zalando-marketer-protestieren-mit-werbeplakat-gegen-ihre-entlassung/ (Abruf 1.12.2018)

Nitsche, Nicole (2018): Die wertvollsten Unternehmen (1990-2018). https://paymentandbanking.com/die-wertvollsten-unternehmen-1990-2018/ (Abruf 13.12.2018)

O'Reilly, Lara (2015): Coke pulls #MakeitHappy Twitter campaign after it was duped into quoting Hitler's Mein Kampf. https://www.businessinsider.com/coca-cola-makeithappy-twitter-hitler-mein-kampf-gawker-prank-2015-2?IR=T (Abruf 17.12.2018)

Pluta, Werner (2014): Unternehmen wählt Computer in den Vorstand. https://www.golem.de/news/kuenstliche-intelligenz-unternehmen-waehlt-computer-in-den-vorstand-1405-106507.html (Abruf 15.12.2018)

PwC (2018a): Auswirkungen der Nutzung Künstlicher Intelligenz in Deutschland. https://www.pwc.de/de/business-analytics/sizing-the-price-final-juni-2018.pdf (Abruf 15.12.2018)

PwC (2018b): Sizing the prize. What's the real value of AI for your business and how can you capitalise? https://www.pwc.com/gx/en/issues/analytics/assets/pwc-ai-analysis-sizing-the-prize-report.pdf (Abruf 15.12.2018)

Reactful (o.J.): Actionable Insights with a press of a button. https://www.reactful.com/ai (Abruf 9.12.2018)

Russel, Stuart / Norvig, Peter (2011): Künstliche Intelligenz. Ein moderner Ansatz. 3., aktualisierte Auflage. München: Pearson

Ryte (2015): Programmatic Marketing. https://de.ryte.com/wiki/Programmatic_Marketing (Abruf 14.12.2018)

Schmidhuber, Jürgen (2017): True Artificial Intelligence Will Change Everything. https://www.artificial-intelligence.blog/education/true-artificial-intelligence-will-change-everything (Abruf 18.12.2018)

Sesink, Werner (1993): Menschliche und künstliche Intelligenz. Der kleine Unterschied. Reedition 2012. Stuttgart: Klett-Cotta Verlag

Statista (2018): Die Top 10 Online-Shops in Deutschland. https://de.statista.com/infografik/642/top-10-online-shops-in-deutschland-nach-umsatz/ (Abruf 2.12.2018)

Tan, Emily (2017): Posterscope deploys AI to help brands optimize their OOH hourly. https://www.campaignlive.co.uk/article/posterscope-deploys-ai-help-brands-optimise-ooh-hourly/1427538 (Abruf 19.12.2018)

t3n (2018): Wie funktioniert eigentlich Programmatic Marketing. https://t3n.de/news/wie-funktioniert-eigentlich-programmatic-marketing-1129183/ (Abruf 10.12.2018)

The Guardian (2016): World`s largest hedge fund to replace managers with artificial intelligence. https://www.theguardian.com/technology/2016/dec/22/bridgewater-associates-ai-artificial-intelligence-management (Abruf 16.12.2018)

thinkfutureready (2018): Investitionen in Technologie und Marketing. https://www.thinkfutureready.com/ (Abruf 15.12.2018)

Van Rinsum (2018): Algorithmus-Alarm für Marketingleute. https://www.internetworld.de/online-marketing/marketing/algorithmus-alarm-marketingleute-1531485.html (Abruf 10.12.2018)

Vöpel, Henning (2018): Wie künstliche Intelligenz die Ordnung der Wirtschaft revolutioniert. https://archiv.wirtschaftsdienst.eu/jahr/2018/11/wie-kuenstliche-intelligenz-die-ordnung-der-wirtschaft-revolutioniert/ (Abruf 12.12.2018)

Wess, Stefan (2017): Künstliche Intelligenz – Was ist dran am neuen Hype? https://www.empolis.com/blog/kuenstliche-intelligenz/kuenstliche-intelligenz-was-ist-dran-am-neuen-hype/ (Abruf 15.12.2018)

Zimmermann, Guido (2017): Makroökonomische Effekte künstlicher Intelligenz. https://www.lbbw.de/1-perspektiven/2017/10-digitalisierung/17-ki-roboter/lbbw-blickpunkt_kuenstliche-intelligenz_116593_6krvxz1nx_m.pdf (Abruf 9.12.2018)